男男性愛怎麼做？

BL攻受技巧全解析

目次

第1章 為了BL愛好者解說的男性身體基礎知識

第2章 BL男子的實踐技巧～初級篇～

第3章　BL男子的實踐技巧～上級篇～

第4章　BL男子找同伴的場所與真實生態

專欄

前言

時至今日，ＢＬ已經是一種強大到能出口到其他國家，甚至有外國粉絲特地為此來到日本朝聖的創作類型了。近幾年來，不只女性讀者，連男性讀者也開始增加，使ＢＬ成長為代表日本的文化之一。

如此受大眾歡迎的ＢＬ，魅力究竟在哪裡呢？不用說，當然是美妙的男男戀愛與床戲了！

但是，大家是否曾突然想到呢？

儘管男×男的床戲充滿魅力，但是實際上男性同性的性愛，究竟是什麼樣的行為呢？真的會覺得舒服嗎？

本書是為了回應深愛ＢＬ的各位諸如此類的疑問，從醫學與心理學的觀點，以及個別專訪獲得的知識見聞，為大家解說真實的男性身體與ＢＬ性愛！

本書能作為ＢＬ作品的補充讀物，也能作為創作時的參考資料。假如您是ＢＬ男子，也可以試著實踐。

好了！就讓我們一起前往真正的ＢＬ世界冒險吧！

第 I 章

為了 BL 愛好者解說的男性身體基礎知識

陰莖的觀察與分類

熱愛BL的人，應該沒有人不知道陰莖的重要性。因此，我們先來詳細學習關於陰莖的基礎知識吧。

就醫學方面而言，陰莖是男性的生殖器官，誠如各位所知道的，此器官具有排尿與交配的機能。會隨著年歲的成長，漸漸變粗變長。

在男孩子進入青春期之後，陰莖也會開始進入成長期。日本男性進入青春期的平均年齡為11．5歲，許多男生從小學五～六年級便會開始有自慰的行為，就是因為青春期的緣故。

勃起的機制

勃起是指陰莖海綿體充血變硬後的狀態。基於性興奮或某些生理現象，大量的血液流入陰莖海綿體中，使陰莖膨脹、變長。這部分的機制與副交感神經有很深的關係。

副交感神經是受到外界刺激時產生反應的自律神經之一，控制著人體荷爾蒙的分泌。

當從外界得到性刺激的時候，副交感神經會對勃起中樞下達指令，大量分泌一氧化氮，使海綿體平滑肌舒張，如此一來，血液就能快速進入海綿體，使陰莖膨脹勃起。

所謂性刺激，不一定非直接碰觸身體不可。依每個人的情況不同，有時只是聽到某些句子，就能在心理上刺激性慾，使神經產生反應。

例如有M傾向（受虐癖）的男人，光是被人命令「舔我的屌」，就會勃起了。這是副交感神經把這種羞辱人的話作為性刺激接收，因而產生的反應。

不過，這種間接性的性刺激，對於不同的人，不一定能夠產生同樣的效果。要是對於對方不熟悉的話，就會很難以這類間接的方法來讓當事者的陰莖勃起。

因此，想要讓不夠熟悉的對象勃起時，直接性的性刺激——也就是直接碰觸陰莖或敏感部位，會是最好的方法。

龜頭是為了什麼存在的？

陰莖的前端稱為龜頭，因為外型有如烏龜頭部般的凹陷（冠狀溝）的緣故。之所以長成這樣的形狀，是有很心機的原因的。

一言以蔽之，就是為了把殘留在女性體內的他人精子挖出來。

精子能在女性的陰道內生存將近一個禮拜。因此，自己的陰莖進入陰道時，陰道中可能還殘留著他人的精子。有一派看法認為，冠狀溝就是為了在性交時，順便把其他人的精子剷出，因而發展成現在的外觀模樣。

此外，性交的時候扭動腰部進行抽插，也是為了更加徹底地清除他人的精子。冠狀溝越大，越能有效刮除他人的精子，據說最多能剷出90％的他人精子。

話說回來，龜頭是一個非常敏感的部位。龜頭與女性的陰蒂相同，表面布滿有大量的神經末梢，對性交時的摩擦極為敏感。一般而言，光是刺激龜頭就能使陰莖勃起，特別是龜頭下方連結龜頭與包皮，名為「包皮繫帶」的軟組織，對外界刺激十分敏感，刺激這部分的話，不但能使陰莖勃起，有時甚至能讓男性直接射精。

不過，每個人的敏感度有個體差異，所以也不能一概而論，男人的陰莖是很任性的。

尿道與前列腺的深層關係

尿道與膀胱相連，是排尿時的重要器官。不只如此，由於尿道從前列腺的中央穿過，以導尿管自慰時，會刺激到前列腺，得到平常無法想像的前列腺高潮（Dry Orgasm）。

原則上，只有男性才有前列腺。前列腺包圍著尿道，並與精囊相鄰。其實，前列腺的具體功能，仍然有許多謎團。

目前已知，前列腺會製造精液的主要成分──前列腺液，以利排出精子，並且會與肌肉一起收縮以利射精。除此之外，尚不清楚還有什麼機能。

刺激前列腺時，男性可以得到名為前列腺高潮的特殊快感。這也許是神賜給男性的，專屬於男性的快感。又或者說，也許是男性們在自古以來的男性同性性交中，為了感受到類似女性的高潮，因而演化出來的快感也說不定!?

不論如何，男性的陰莖仍然存在著許多未解之謎。越是想解開這些謎團，就會對陰莖越感好奇呢！

陰莖的大小無所謂！

男性總是認為陰莖越粗大越好。但是，男性同性性交時，陰莖太粗大反而會造成困擾。

例如在肛交時，如果對方是「第一次」的話，可能會痛到無法插入。就某方面來說，肛門比陰道更纖細。肛門的平均直徑是3.5公分，平常會因括約肌而緊閉，假如平時沒有做擴張的練習，是無法享受肛交之樂的。更何況是特別粗大的陰莖，「抽插時痛得要死，跟拷問沒兩樣」，甚至可能變成這種慘狀。

那麼，理想的尺寸是幾公分呢？

根據本研究會專門做的問卷調查（總人數126名，以AV男優、成人雜誌讀者、變性人模特兒、偽娘為主要對象，進行調查），最多人回答的數字是勃起時長14～15公分、粗4～5公分。對比日本人的平均尺寸為13.5公分，這樣看來，男性果然還是會嚮往比一般人稍大的陰莖呢。

這種崇拜「巨根」的傾向，在男同性戀者身上特別明顯。其中甚至有人認為20公分以上的屌才好。真不愧是「認為越有男人味，越受歡迎的同志圈」會有的回答呢。

順帶一提，雖然這只是本研究會的一己之見，不過偽娘（女裝男孩）的陰莖有偏大的傾向。至於變性人模特兒，也許因為使用女性荷爾蒙的緣故吧，所以陰莖偏小的人稍微多一點。

陰莖大小有相當大的個體差異，每個人的尺寸都不同，過於在意大小並不是好事。

至於勃起時的膨脹率，似乎也不是很重要。根據中國、韓國的研究，短小的陰莖在勃起時仍然偏向短小，粗大的陰莖在勃起時還是會變得更加粗大。

但是，短小的陰莖仍然能取悅男性。只要配合陰莖的長度調整角度，確實地刺激前列腺的話，仍然能使對方獲得高潮。

順帶一提，前列腺位在肛門入口約2公分深的位置。因此就肛交而言，攻的陰莖即使不特別長也無所謂。還不如說，在男性同性性交裡，不論長短都可以使對方達到高潮。

在BL的世界中，陰莖的大小不是一切，只要能確實勃起就很足夠了。請大家自由選擇喜歡的尺寸，妄想各種陰莖，充分享受BL生活吧！

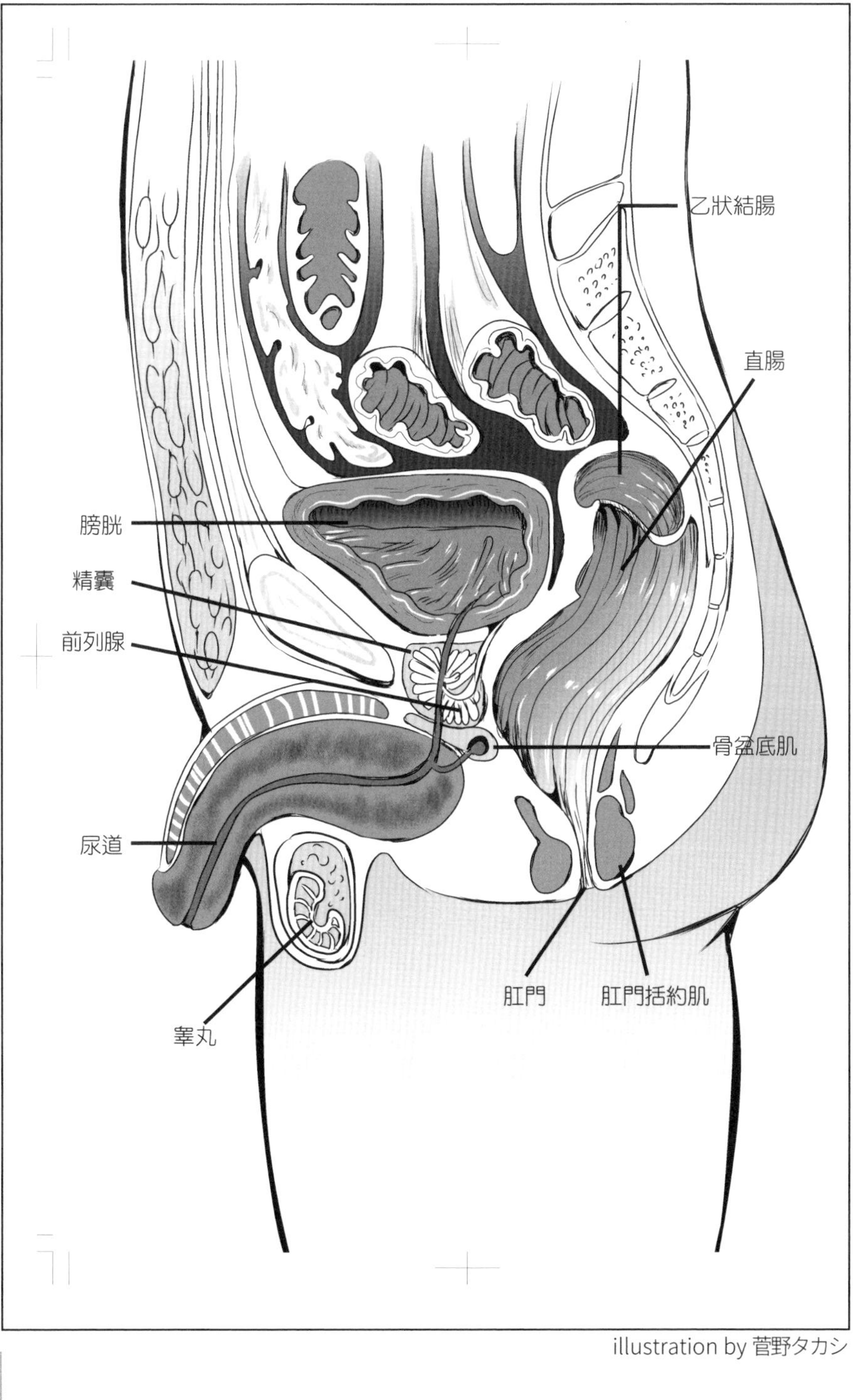

illustration by 菅野タカシ

什麼是包莖？

你因包莖而感到困擾嗎？

對青少年來說，最常見的陰莖方面的煩惱，就是包莖。不少男性對被皮膚（包皮）包覆的龜頭感到自卑，但是這並不表示非立刻進行治療不可。

據說在日本人中，大約有60～70％的男性都有包莖問題，所以不需要過度擔心。只要確實地吸收正確知識，也能享受包莖獨特的快感。

包莖大致上可以分成3種：不管是平時或勃起時，龜頭都無法露出的「真性包莖」、雖然勃起時能露出龜頭，但是因包皮過緊或包皮開口狹小而導致疼痛的「嵌頓性包莖」、平時龜頭無法露出，但是勃起時能完全露出的「假性包莖」。

這3種包莖中，非就醫不可的是「真性包莖」與「嵌頓性包莖」。但是這兩種包莖，只占了包莖男性中的20％。也就是說，大多數的包莖都是「假性包莖」。

由於「假性包莖」在勃起時，包皮會完全退後，所以在做愛時不會有任何問題。

不只如此，由於平常被包皮包覆，所以翻開包皮後的龜頭，或是在勃起時仍然多少會被遮住的包皮繫帶部分，會比平常就完全露出在外的陰莖更敏感。做愛時，可以盡情利用這層多出來的皮膚來享樂。

以嘴巴或手愛撫陰莖的時候，「假性包莖」有時能得到更多快感。

話說回來，龜頭經常外露的生物，即使在哺乳類之中，也只有人類而已。幾乎所有動物的陰莖，平時都是被包皮覆蓋的。

因此，沒必要對「假性包莖」感到可恥。但是，沒有經常翻開的包皮，很容易藏汙納垢（＝包皮垢）。

雖然說在SM的玩法中，可以命令自己的伴侶舔充滿包皮垢的陰莖，不過喜歡這麼做的人畢竟是少數。

除非確定自己的伴侶是喜歡那種玩法的重度受虐狂，否則在做愛之前，還是該翻開包皮，把裡面的部分好好清洗乾淨。

沒有比被喜歡的人看到包皮垢更丟臉的事了。雖然包莖OK，但是不乾淨的包莖，是絕對NG的喔！

illustration by 茶渋たむ

男性的奇妙之處！射精的機制

真的可以連續射精8次嗎！？

先不論前列腺高潮或前列腺按摩那種特殊的情況，對男性來說，高潮與射精是同時來臨的。男性性高潮的頂點不用說，當然是射精，但射精是如何發生的呢？

一般人說的射精，指的是精液從尿道口噴出的瞬間。但是在射精之前，有許多生理方面的前置動作，在醫學上，會把這些前置動作也算在「1次」的射精裡。

前置動作的開始時間，為精液射出的10幾秒前。性刺激使快感逐漸升高，脊髓中名為射精中樞的部位會收到腦部傳來的訊息，將精子從副睪丸移動到精管膨大部。雖然目前仍然有未知的部分，但是一般認為，射精前睪丸上升的動作就是為了移動精子。在覺得「快射了」的短短數秒之間，精子將會在精管膨大部待機。

接著，位在膀胱出口的尿道內括約肌會開始收縮，這條括約肌能防止尿液從膀胱流出，而為了防止精液逆流到膀胱裡，尿道內括約肌在射精時會收縮得更強。男性在射精後難以排尿，就是因為尿道內括約肌強烈收縮的緣故。

接著，前列腺下方的尿道會開始擴張，產生空間。從前列腺分泌的前列腺液流入此處，與從射精管流入的精子與儲精囊液混合，成為一般稱為精液的液體。

如此這般的，尿道中充滿精液，使尿道內壓力升高。接著鎖住尿道的尿道外括約肌打開，前列腺開始收縮，把其中的物質一口氣推出。這就是所謂射精的開始。接下來，球海綿體肌會前後收縮，把精液猛地送到尿道外口，成為一般所謂的射精。

由上述過程可以明白，射精是肛門與陰莖周圍的肌肉絕妙地相互作用的結果。也就是說，只要多加鍛鍊這些肌肉，就能強勁地噴出精液。考慮到自慰是鍛鍊這些肌肉的一環，就會覺得每天自慰意外地重要呢！

雖然不太為人所知，不過射精會分成7～8次射出。這時候，尿道外括約肌與球海綿體肌會不斷收縮，就像AV中常見的那樣，龜頭一顫一顫地抖動，分好幾次射出精液。

一開始，是以約0．6秒的間隔射精。每次射精後，會以增加約0．1秒的時間逐漸減緩射精間隔。即使射完精液後，陰莖也會繼續收縮10次左右。不過射精者本人幾乎不會察覺這收縮。假如想確認，可以試著觸摸會陰（陰囊與肛門之間）一帶，應該能感受到附近肌肉正不斷抽動喔。

像這樣階段性地射出的精液，成分為儲精囊液（約70％）、前列腺液（約25％），以及精子與其他腺體分泌的液體（約5％）。但是仔細觀察這些分成好幾次射出的精液，會發現每次的精液成分都不太一樣。這是因為各腺體分泌的液體並非混合均勻後才射出，也就是說，各腺體並非同時分泌液體。

精子在射精初期，就已經進入精液之中，在第1、2次吐精時濃度最高，之後濃度慢慢降低。前列腺液的濃度變化也和精子差不多。

至於占了精液中最大比例的儲精囊液，則是在射精快結束時才排出。從第3次起，比例開始增加，最後幾次吐精的成分，幾乎都是儲精囊液。原本白濁的精液逐漸偏黃，就是因為精子比例減少的緣故。

射精的量會依個體差異與當下身體狀況而不同，就算是同一個人，量多與量少時，也有1～10cc的差異。

據說，精液量的多寡，與興奮的程度有關。也就是說，假如想射出大量精液，就必須對性交對象極度興奮才行。

順帶一提，興奮的程度越高，肌肉收縮的次數也會增加，高潮的時間因此變長。BL作品中角色之所以能連續射精，代表他們就是如此興奮。

再順帶一提，只有睪固酮濃度高、造精能力強的男性，才有辦法連續射精。雖然說精液的量與興奮的程度有關，但是能不能連續射精好幾次，比起興奮程度，與體質的關係更大。

所謂的睪固酮，是一種男性荷爾蒙，越「像男人」的男性，分泌的睪固酮越多。男同性戀者之所以偏好肌肉猛男，也許就是嗅出了睪固酮的味道吧。

但是不能因此說BL體型的男性就無法連續射精。就算不練成肌肉猛男，也有其他方法能增加睪固酮。再說，只要體脂肪率低，睪固酮就不會低下。簡單來說就是身材精瘦的男性，也同樣能分泌許多睪固酮。聽了這樣的說明，有沒有覺得安心點呢？

意外地不為人知，陰囊的真實

陰囊是為了什麼而存在的？

在BL漫畫中，陰囊經常與陰莖一起白化或消失。說實話，比起陰莖，不清楚陰囊的真相的讀者應該更多吧？

大家會不會因此想知道更多關於陰囊的事呢？

陰囊是男性最脆弱的要害部位之一。陰囊中裝有睪丸，睪丸是製造精子時不可或缺的器官，非常怕痛，必須溫柔地對待。

接下來要仔細地解說陰囊的部分。

陰囊從表面到內側的層次為表皮、真皮、肉膜、精索外筋膜、提睪肌、精索內筋膜、睪丸鞘膜。陰囊皮是男性皮膚中最厚的部分，構造與女性的大陰唇（位於陰道口兩側的皮膚）相似，因此在進行變性手術時，會將陰囊皮瓣對縫，形成人工陰道。

導回正題，陰囊皮上有許多細小的皺褶。其實這些皺褶有相當重要的功能，就是散熱。精子很怕熱，喜歡長時間泡澡，或是洗三溫暖的人，難以製造優良的精子。專家是這麼說的。

因此，陰囊會隨外在的溫度變化而改變形狀，冷的時候縮起，熱的時候放鬆。剛洗完熱水澡的男性，陰囊表皮會拉長，睪丸也會垮垮地垂吊下來。

陰囊表面的皺褶，能增加皮膚的表面積，有效率地散熱，使睪丸隨時保持在略低於體溫的32～34℃左右，可說是人體的天然散熱器。

在男性間也是傳說的陰囊自慰

既然陰囊的功能如此重要，自然也相當敏感。最近甚至流行起藉著刺激陰囊來獲得高潮的自慰法。

這裡將稍微介紹一下這種全新的男性快感。

就如前面提到的，陰囊有保護製造精子的睪丸的重要功能。陰囊中除了睪丸，還有貯藏精子的副睪丸。假如男性不射精，精子就會一直積貯在陰囊中，累積太多時，會在睡眠時無意識地排出精子，稱為「夢遺」。這整段話意思就是「陰囊中累積大量精子時，特別容易射精」。

進行陰囊自慰的時候，首先必須有意識地減少自慰次數，讓精子累積在陰囊中。累積到一定程度後，一面刺激陰囊，一邊縮緊肛門。以下是需要重點刺激的部位：

①陰囊中線
②左右陰囊的根部
③陰囊與肛門之間的部分

這3個部分，也是進行「回春按摩（刺激敏感的淋巴結，增加快感，提升勃起能力的按摩）」時會重點刺激的部位。

先以指尖輕撫，以指甲輕刮這幾個部位，等到出現想射精的感覺時，輕握陰囊，收緊肛門，把精子一口氣擠出。雖然在BL作品中，很少看到這種玩法，也不會詳述過程，但是偶爾應該會見到攻把玩受的陰囊的光景吧？也許大家會以為那只是單純地吊受君胃口，但其實玩弄陰囊與玩弄陰莖一樣，都是能得到強烈快感的行為。

刺激陰囊的最有效的方法是「隔著陰囊，以嘴吸吮睪丸」。那種彷彿要把睪丸吸出的感覺，能使人得到極上的快感。

除此之外，還有一邊套弄陰莖，一邊以陰囊自慰的要領刺激陰囊的複合式技巧。以似有若無的力道輕觸陰囊的話，睪丸會如生物般轉動，使想射精的感覺越來越強烈。

除了徒手刺激之外，也可以利用潤滑劑助興。假如在浴室自慰，利用蓮蓬頭的水壓刺激陰囊後方也很有效果。

刺激陰囊時的訣竅是「搖晃」。以手掌溫柔地握住陰囊，前後左右搖晃的話，能得到與摩擦陰莖不同的快感。

以手套弄陰莖或是進行口交的時候，順便刺激陰囊，可以使伴侶更加興奮。只要掌握撫摸或舔吮時的訣竅，就能把對方更加推向巔峰。

對男性來說，就性感帶而言，陰囊也是最大的弱點。

真實男性的生態分類①

BL男子

哪種類型的BL男子比較多呢？

本書中提到的BL男子，指的是喜歡男性的男性，不是一般指稱的「喜歡BL作品的腐男」；並且會把重點放在「外表像是從BL漫畫或小說中走出來的男性」上。

那麼，就先從一般角度來瞭解真實世界的BL男子吧！在日本，喜歡與男性進行同性性交的人中，雖然也有偽娘（女裝男孩），不過占壓倒性多數的，是男同性戀者，大約占了70～80%左右（包含雙性戀者在內）。

真實世界的男同性戀者，大多喜歡健壯、短髮、蓄鬍，也就是所謂的肌肉猛男。根據某個問卷調查，男同性戀者最普遍的興趣是運動，看得出以行動派與肉體派的男性居多。而實際上，有很多男同性戀者會去健身房鍛鍊身體，或是曾經從事某些運動。

但是也有不少身材細瘦，喜歡卡拉OK或音樂的文藝系男同性戀者。這類男同性戀者中，有不少人外表纖細，看起來像女性，在性行為中也通常是0號。這種類型的男同性戀者與下一節會提到的偽娘的親和性很高，其中有些人甚至會服用荷爾蒙或者整形，朝變性人的方向前進。

至於身為1的文藝系細瘦型男同性戀者，似乎喜歡視覺系類的音樂，並且或多或少有自戀的傾向。S（施虐癖）特質強的男性，比較容易成為1號。

上述的分析，並沒有確切的醫學或科學證據為憑，而是根據為數不多的性取向調查資料，以及本書實際向BL男子採訪後所得出的結論。

儘管如此，在現實生活中，見到美形男性時，還是會忍不住妄想對方有多少%BL男子的可能呢！

探索真實的性取向！

非肌肉猛男的BL男子，喜歡哪種類型的男性呢？被這麼問的話，他們果然還是喜歡身材緊實的男性吧。硬要說的話，會喜歡精瘦的體格。雖然修長，但是脫下衣服後能看到腹肌的身材。不論男性或女性，大家都喜歡八塊肌呢。

現實中的ＢＬ男子，對戀愛其實稍微不太感興趣（對喜歡ＢＬ的讀者來說，有點遺憾）。由於在日本同性結婚的門檻相對高，所以與固定伴侶長期交往的例子相對少。就算認真地戀愛，也很有可能被劈腿以傷心收場。

但是反過來說，他們對性愛的態度就是如此坦率。說得直白一點，推動現實中的ＢＬ男子行動的原動力，就是性慾。

既然如此，假如ＢＬ男子的外表夠好看，換個髮型或衣服，就有可能成為絕世的偽娘。所以他們有可能假扮成女人，每天尋找一夜情的對象呢。

儘管喜歡ＢＬ的讀者可能會有這樣的妄想，不過現實中的ＢＬ男子，是活在男同性戀的世界中，所以他們對女裝男的興趣並不高。

當然0號之中，有像下一節將會談到的偽娘那樣，對成為女性懷著強烈憧憬的ＢＬ男子，但是對他們來說，最重要的還是迎合伴侶的喜好。在男同性戀的世界中，外表有男人味的男性，才是受歡迎的類型。

因此，即使在有名的新宿二丁目，偽娘也是少數派。穿女裝的話，反而有可能被敬而遠之。

ＢＬ男子的目的是尋找理想中的床伴，因此，與其把自己裝扮得很美麗，滿足性慾更是重要。

即使平時溫吞的ＢＬ男子，在找男人時，也會變得很積極，而且不會排斥與第一次見面的男性做愛。ＢＬ男子還會利用社群交友軟體，頻繁地與其他男性互通有無。

ＢＬ男子喜歡哪些玩法呢？

「最開心的，果然是一起射精吧。可以的話，不是射在保險套裡，最好射在我嘴裡。我想一滴不剩地吞下所有精液。」（上班族．23歲）

這是某男同性戀者的說法。他是0號，有點受虐的傾向，比起讓自己覺得舒服，為伴侶服務更能使他感到興奮。就算不肛交，能為伴侶口交，他就很開心了。

除此之外，其他0號還有「想看到勃起的陰莖」、「想被顏射」等等的意見。

就這點來說，ＢＬ式的性愛中最需要的，也許是0號的ＢＬ男子吧。如果能肛交，當然開心，不過最重要的，還是碰觸他人的陰莖。

對這類ＢＬ男子來說，最能讓他們興奮的情境，就是ＢＬ小說或漫畫中常見的霸王硬上弓。例如剛才那位男性，最令他印象深刻的做愛是「被第一次見面的男性帶到廁所，直接從後面上我」。小說《海底兩萬哩》的作者朱爾．凡爾納說過「但凡人能想像到的事物，必定有人能將它實現」。ＢＬ小說或漫畫中的劇情，意外地寫實呢。

至於現實中的１號ＢＬ男子，則喜歡把直男（參考第24頁）掰彎，讓直男進入ＢＬ的世界。這是ＢＬ小說或漫畫中常見的劇情，在認識的男性中，越是憧憬的對象，越想把他們掰彎。

「我曾鎖定一名常在附近酒吧見到的男性。有一次，我趁著他喝醉時，以照顧他為藉口，把他帶到賓館。雖然他一開始很抵抗，但是我一幫他吹簫，他就發出可愛的聲音射精了。奪走直男後庭的第一次的那種快感，實在讓人受不了呢。」（職業不公開．31歲）

這名１號ＢＬ男子，成功地把那男性拉進ＢＬ世界，在那之後，兩人又上床了好幾次。「那名直男也因為嘗到ＢＬ的美妙滋味，無法立刻抽身。」１號ＢＬ男子如此得意地說道。

他口中的「美妙滋味」，指的是男性的某種生理現象，也就是「幹射」。

「幹射」是現實男同性戀者的用語，詳細的部分會在第86頁做說明。簡單地說，就是利用陰莖插入肛門的快感，使０號射精。

例如１號以背後站立式插入０號的肛門。這時候，龜頭會頂到０號的前列腺。假如０號因此射精，就是「幹射」成功。對於被幹射的快感，某位大學生（採訪當時）是這麼說的：

「在感受到精液射在肛門裡的同時，自己的精液也不斷流出，那種感覺令人難以忘懷。就個人來說，比與女性做愛更舒服。」（大學生．19歲）

雖然幹射是ＢＬ式做愛的重點場面。但是實際上，除非很習慣肛交，否則難以成功。第一次肛交的人，幾乎無法成功被幹射。

如同本節描述的，同樣都是ＢＬ男子，在現實中也有不同的生態，追求的面向也各不相同。不過有件事是可以肯定的，那就是ＢＬ男子全都愛著男性（與陰莖）。就某方面來說，他們全都是陰莖的專家。

【傾向與對策】

相遇地點：Gay Bar、各種活動、發展場
喜歡的類型：精瘦型、有男人味的男性
興趣：運動、音樂、卡拉ＯＫ
個性：１號外向，行動派
性癖好：依１或０號而異

illustration by 波野ココロ

真實男性的生態分類②　偽娘

喜歡穿女裝的男性，有哪些類型呢？

同樣是喜歡男性的男性，也有各式各樣的類型。女裝男（在本書中稱為偽娘）就是其中之一。

就如同上一節提到的，攻＝男性角色，受＝女性角色，是ＢＬ作品的主流設定。但是事實上，在男同性戀者或真實的ＢＬ世界中，偽娘都是少數派。

近年來cosplay盛行，而且能在網路上簡單地買到女裝用道具或學到化妝知識，偽娘因此有增加的傾向。對女性之美懷著憧憬，是偽娘們的共通點。但是並非所有偽娘都自認是女性，性交對象也並非都是男性。本節將介紹有可能成為ＢＬ性交對象的４種偽娘類型。

【１：以穿女裝為興趣的男性】

這種類型的偽娘，內在完全是男性。也就是說，提升穿女裝的完成度，是這類偽娘最重要的目標。他們的外表通常長得很好看。在社群網路上傳自己的女裝照片或化妝影片的偽娘中，有不少是這種類型。

雖然穿女裝能使他們情緒高昂，但是這類型的偽娘，性交對象基本上是女性（也就是說本人是直男），而且通常有女朋友。性致來時，甚至會穿著女裝與女性做愛。

想與這種偽娘建立ＢＬ式的關係，應該需要足以掰彎直男的性技巧吧。

【２：希望得到讚美的類型】

這種類型的偽娘，通常有強烈地被稱讚「很可愛」的慾望。也就是說，他們想被人承認自己是偽娘。

他們的體格相對纖細。從小到大，經常被誤認為女生的男性，比較容易成為這種類型的偽娘。就男性而言，他們的身材嬌小，對自己「不像男人」、「柔柔弱弱不夠陽剛」的部分抱有強烈的自卑感。

因此，他們會藉著穿女裝，把這種自卑昇華為自己的長處。這類偽娘通常精通時尚流行與化妝之道，平時就會努力鑽研「如何讓自己看起來更像女性」。

這種類型的偽娘，會為了確認自己有多可愛，穿女裝上街，希望能被男性搭訕，或是被痴漢性騷擾。

其中有不少人會將「被他人認為自己很可愛」與性慾連結起來，光是被稱讚「很可愛」，就會興奮勃起。

因此，他們與同性做愛的門檻特別低。只要被男人當成「可愛的女孩子」，被男人以帶著慾望的眼神看著，就算認識不深，也能與對方進旅館……。

這種類型的偽娘，通常也有M（受虐）的傾向。

總之，他們想被男性當成真正的女性對待，所以就算是第一次，也會積極地挑戰肛交，在性方面很開放。還有，他們通常是受，而且多多少少喜歡SM的玩法。

除此之外，這種類型的偽娘，為了讓自己更像「可愛的女性」，有時甚至會不惜服用荷爾蒙或整形。

【3：想變身的類型】

這是目前偽娘界之中，人數大幅增加的類型。這種類型的偽娘平常以男性的身分生活，以女性為性交對象；但是穿女裝時，則會想被男性插入。與其說他們是雙性戀者，還不如說他們會依外表切換意識。

這種類型的偽娘，會在穿上女裝的瞬間變成「女性」。不只外表，連舉止或表情都會變得「像女生」。這是因為他們非常喜歡女裝的自己，相信自己變成了自己理想中的女性。這是他們的美學。

這種有變身慾望的偽娘，對BL式的做愛也很有興趣。他們之中，有不少人會以偽娘身分開社群網路的帳號，與在同樣圈子認識的偽娘享受BL性交之樂。

這種類型的偽娘，在性方面富有冒險精神，很適合各種BL的玩法。但是他們不一定有M的傾向，其中甚至有想穿著女裝虐待男性的人。

也許可以說，是最難看出性癖好的偽娘類型呢。

【4：愛吃直男的淫亂型】

這種類型的偽娘，不但喜歡做愛，而且性慾非常旺盛。

他們通常驚人地早熟，從小就對陰莖異常感興趣。不只喜歡自慰，也喜歡觸摸他人的陰莖。

例如「小學時，常常泡在同學哥哥的房間裡，和同學的哥哥脫光光抱在一起，或是幫哥哥口交。」（變性人．風俗業．20歲）或「每天輪流幫社團的男生口交，確認精子的味道。」（自由模特兒．22歲）等等，淫亂的程度，就連向他們採訪的成人雜誌編輯，也不禁目瞪口呆。

雖然這類偽娘的戀愛對象是男性，不過他們通常在學會穿女裝與化妝之前，就已經自然而然地發揮類似女性的魅力與淫亂的本性了。

比起自己的陰莖，他們更容易對其他男人的陰莖感到興奮。再加上從小就理解自己的性魅力，常與非同性戀者的男性發生關係，可說是天生的直男殺手。

與這種類型的偽娘做愛的話，除了專業的口交服務之外，還可以享受口爆（射在口中）與吞精的樂趣。除此之外，他們還會很積極地進行肛交，或有自己喜歡的特殊玩法。和他們做愛，說不定能打開全新的ＢＬ性愛之門。

偽娘對性很好奇!?

本節介紹的，是就「ＢＬ性愛對象」而言的4種偽娘類型。當然，不是所有的偽娘都能被分類在這些類型之中。

「雖然喜歡穿女裝，不過沒有被男人上的興趣」、「為了追求性的快樂，故意打扮成可男可女的外表」，也有像這樣，想法截然不同的偽娘存在。

本節介紹的4種類型，是本研究會花了5年以上的時間向接觸的偽娘們進行採訪，根據得到的證詞，以及從他們的性交傾向推測並做出的分類。

因此，本節特意不提到偽娘的個性與精神等醫學方面的觀點。

話是這麼說，不過偽娘的存在感日益增加。其中有許多人對ＢＬ式的做愛很有興趣，也會共同追求陰莖的快感。雖然這種性癖好與男同性戀有微妙的不同，但是與偽娘積極接觸的話，也許能出現新的ＢＬ關係吧。

【傾向與對策】

相遇地點：女裝咖啡廳、各種活動、社群網路
喜歡的類型：有包容力、知識豐富的人
興趣：有不少人喜歡偶像或動漫畫
個性：略為內向，討厭粗暴的人
性癖好：多為0號或M。希望能有被動的快感

illustration by 青井さび

真實男性的生態分類③ 直男

直男會對BL開眼嗎?

對於喜歡BL的人來說，所謂的直男，應該不需要多做說明。但是在此，還是重新解釋一下定義吧。

直男不用說，就是男異性戀者，是只喜歡女性的男性。直男是英文中男異性戀者（Straight）的直譯。過去的英國，會以Bent（彎曲的）作為指稱男同性戀者的隱語，對應的Straight（筆直的）因此被用來指稱男異性戀者。直男的說法由此而來。不論如何，直男在男同性戀的世界中，是很普遍的說法。而愛上直男，是很難修成正果的事。

也因此，直男經常成為BL小說或漫畫中的題材。BL男子與直男的愛情故事，障礙特別多，因此令人揪心。

「愛上直男的話，很難抓到告白的時機。假如對方冷淡地拒絕自己，就連過去建立的朋友關係也會因此結束。話是這麼說，喜歡的心情還是難以壓抑，對同志來說，是很痛苦的事。」（Gay Bar店員・年齡不公開）

說出這些話的是典型的喜歡肌肉猛男的男同性戀者。目前也積極地過著愉快的同志人生。但他高中時初戀的對象是直男，而且當時他對自己的性取向感到很煩惱，無法順利告白，最後戀情就無疾而終了。

就如這個例子，對BL男子或男同性戀者來說，與直男談戀愛，可說是困難重重的事。但也不是說愛上直男，就一定沒有結果。

雖然統稱為直男，他們的性癖好也各不相同，不一定只喜歡與女性做愛。在性資訊豐富的現代，有不少直男對前列腺高潮或前列腺按摩很感興趣。意思就是，從對性的好奇開始，最後發展成戀愛關係，並非絕對不可能的事。

實際上，在本研究會的採訪中，也遇過不少因為與男同性戀做愛而成為雙性戀者，甚至與同性床伴發展成情侶的例子。

雖然這只是本研究會的一己之見，但是喜歡同性或異性，應該只有一線之隔吧？與從前保守的社會不同，LGBTQI的觀念逐漸普及，同性之間的戀愛，應該也不再是那麼特殊的事了。

illustration by 夏目かつら

真實世界的攻與受是可變的嗎!?

攻與受的那些事

攻與受，是BL世界中不可或缺的基本概念。BL世界中的「攻」，是在精神上領導對方，在做愛時插入的那一方；「受」則是在精神上順從對方，在做愛時被插入的那一方。不論任何BL作品，沒有這兩種角色就無法成立。

在BL世界中，攻與受還可以細分出許多類型。例如主動引誘對方，讓自己在兩人關係中處於主導位置的「誘受」，或是平常頤指氣使，看起來很大牌，但其實是受的「虛攻實受」。除此之外，還有不論與什麼樣的角色在一起，都會被插入的「總受」。

像這種攻與受的關係，稱為「CP」。兩人之間的關係通常是以「×」或「／」來表示。例如經常可以看到「年下×年上」之類的字句，意思就是年紀小的是攻，年紀大的是受。

CP在BL中，是非常重要的基本元素，對作品中的角色定位非常重要。而且絕大部分的BL作品，攻與受都是固定的，因此還會出現「超級攻」這種名詞。攻從生下來就是攻，受從生下來就是受。BL作品的讀者大多抱著這樣的想法。

真實世界的男同性戀者，不在意攻受?

那麼，真實世界的BL，攻與受也是固定的嗎？關於這部分，根據本研究會向真實世界的男同性戀者進行採訪的結果，很少有絕對固定的攻受存在。「我基本上是0號，但是假如喜歡上直男的話，就很難當0號了。雖然BL作品中有所謂的誘受，不過想引誘直男上自己，難度太高了。所以有時非當1號不可。」（酒吧店員．28歲）

順帶一提，在真實同志的世界中，一般不會使用「攻與受」的說法，而是「1號與0號」。而這1號0號，也不如BL作品的攻受那麼單純。

假如0號與1號談戀愛，確實是皆大歡喜。但是在現實中，撞號（兩個0號或兩個1號交往）的情況，其實也不少見。而且話說回來，在男同志的世界裡，戀愛與性是可以分開的。意思就是，雖然心裡有喜歡的人，但是也能和其他人上床，享受性的歡愉。這種情況，在長期無法與喜歡的人做愛，或者喜歡的對象是直男時，特別常見。

不只如此，真實世界的男同性戀者，還能靈巧地隨對象改變性交角色（1號或0號）。這是因為他們的目標非常明確的緣故。「想和這個人做愛看看」，假如產生這種念頭時，比起和對方談戀愛，和對方上床更能直接地滿足慾望。真實世界的男同性戀者，比異性戀者更忠於性慾。當然我們要強調，像這種價值觀方面的事，是因人而異的。

總而言之，男同志大多能靈巧地切割慾望與感情，因此也能迅速地切換性交角色。配合伴侶，享受各式各樣的性愛。

假如把真實世界的男同性戀關係，代入ＢＬ作品中的話，就是角色攻受可變的「互攻」吧。詳細的部分會在第81頁做說明，不過確實，最近互攻的ＢＬ作品也逐漸增加了。

除此之外，乍看之下不怎麼可靠，像受般的角色，其實是攻的「弱攻」等等，像這種非傳統的攻受角色，也漸漸變多了。ＢＬ的世界，似乎正逐漸與真實的男同性戀世界靠近呢。

關於攻受的煩惱？

每個角色有固定的性交角色，是ＢＬ世界的常識。但是仔細想想，現實世界中意外地有不是那樣的例子。就是名為ＳＭ的性癖好。

不論平常多麼含蓄內斂，一旦上了床，就是強硬的Ｓ；或者平時氣勢凌人的上司，在床上時其實是個超級Ｍ男。這種情況其實很常見。也就是說，攻與受也不是固定的，而是隨伴侶或當時的情境隨時改變。這麼想的話，就能自然接受攻受的可變性了。

有看過《感情回路》（尖端）這部ＢＬ漫畫嗎？這是無法接受自己在性關係中當受的「男性型」主角春路，慢慢接受「自己是受」的故事。雖然不能劇透太多，不過這個作品中，細膩地描寫了角色對自身攻受定位的糾結與煩惱。

就如這作品提到的，真實的ＢＬ男子中，說不定有人真的為此感到煩惱。如果是已經確立了自己的性別認同的男同性戀者，則可能曾經煩惱過這樣的事，但是已經克服了。也就是說，對ＢＬ男子而言，「攻或受」應該是非經歷不可的成長過程吧。

瞭解男性的自慰！

自慰是很深奧的！

前幾節中，說明了BL男子的性質與性方面的癖好，這一節，將會把焦點放在一個人的性愛上，也就是所謂的自慰。

除了一般的以手套弄陰莖的方法之外，還有不碰觸陰莖，就能射精的特殊自慰法喔。

為了讓大家知道BL男子平常以什麼樣的方式取悅自己，在這裡介紹一些具有代表性的自慰方式。

【具代表性的變化型自慰方式】

○飛機杯

對普通的自慰方式覺得膩了的話，男性首先會嘗試的就是飛機杯。飛機杯在現代非常流行，種類也非常多，有用過即丟的種類，也有洗過後重複使用的類型。可以配合用途，購買需要的種類。

大部分的飛機杯，都能在網路上查到內部構造。有布滿顆粒的，也有吸力超強的，造型也五花八門。近年來甚至出現了可以隨身攜帶的超小型飛機杯，尋找適合自己陰莖尺寸的飛機杯，也是身為男性的樂趣之一。

○龜頭自慰

龜頭可以說是男性的陰蒂，是非常敏感的部位。龜頭上分布有大量的神經末梢，包皮繫帶很敏感也是這個緣故。以手指滑過冠狀溝、輕撫包皮繫帶與包皮、以手掌摩擦龜頭前端……有各式各樣的刺激方法。假如膩了以手自慰，也有以AV棒（圓頭按摩棒）刺激龜頭的方法，在「痛到很爽」的絕妙快感中射精。

○乳頭自慰

雖然也有乳頭不敏感的男性，但那是因為沒有開發過的緣故。只要經常玩弄乳頭，快感就會確實地增加。就如同女性的乳頭很敏感，男性的乳頭也有許多神經末梢，敏感程度僅次於陰部。如果一碰就會覺得麻癢的人，特別有資質。開發過的話，光是乳頭與衣服摩擦，就會很有感覺。

基本的做法是一手玩弄乳頭，一手套弄陰莖。以似有若無的力道輕觸乳頭前端，沿著乳頭畫圈。一開始時也許會覺得有點癢，過一陣子後，就會有酥麻的快感了。

除此之外，也有用潤滑劑刺激乳頭的方法。迷上乳頭自慰後，有些男性甚至會特地使用電動式乳頭刺激器之類的道具自慰。

○會陰自慰

會陰自慰是刺激位於陰囊與肛門之間的會陰，使陰莖射精的方法。

自慰時，先讓陰莖勃起，接著仰躺下來，將雙腿張開成M字，或是手腳併用地跪著。接著以手指輕觸會陰部分進行按摩。假如輕觸時沒有感覺，就按得更用力一點。

按摩一陣子後，快感會一波波地從肛門深處湧上。配合快感的波浪套弄陰莖，品嘗強烈的射精感。

會陰自慰與前列腺按摩的機制相同，都是藉著刺激陰部神經來達到高潮。

有些人無法以這種方式得到快感，這時候不妨多挑戰幾次看看。想更上一層樓的話，可以改用AV棒刺激會陰。

○前列腺自慰

從直腸刺激前列腺，使陰莖射精的方法。關於前列腺的形狀或具體位置，請參考第84頁的說明。由於前列腺自慰的時候，必須將手指伸入肛門中，所以最好先進行浣腸。假如沒有相關道具，也可以戴上乾淨的醫用乳膠手套，再進行自慰。

自慰時，先以手指找出前列腺的位置。由於那是相當敏感的部位，所以不要直接用力按壓，輕輕來回撫摸即可。自慰時，不需要摩擦陰莖。

假如不勃起也能射精，就表示自慰成功了。有時也會發生不伴隨射精的前列腺高潮。前列腺高潮與女性的高潮類似，可以連續高潮好幾次。習慣之後，有些人還會使用前列腺按摩器來自慰。

除此之外，還有以陰莖環（參考第103頁）等道具自慰的方法。

世界上的男性，有98%都有自慰的經驗。不分直男或BL男子，追求快樂，找出專屬於自己的自慰方式的心思，都是一樣的。

COLUMN-1

日本的男色文化

日本最古老的BL 合葬在一起的情侶

為什麼男人會喜歡男人呢？想回答這個問題，就必須回顧從古至今的男色文化歷史，瞭解男色文化是如何培育出來的。

男色的歷史可以上溯到極為古老的年代。古時候的日本，把男性同性戀愛稱為「男色」。雖然在《古事記》中，已經可以看到「日本武尊假扮成少女，混入敵人的宴會中，趁敵人不注意時殺死對方」這種男扮女裝的記載，但日本最古老的BL，則記載於《日本書紀》。

在此簡單地介紹一下這段故事：

古時候，有名為小竹祝與天野祝的神官，兩人感情非常好，但是有一天，小竹祝病死了。天野祝說：「我們是好朋友！所以要同生共死，一起合葬！」說完後，他就自殺了。人們把他們合葬在一起，沒想到在那之後，天地開始出現異象，連續好幾天，白天都沒有陽光，如同黑夜。神功皇后知道了這件事之後，說了：「這是阿豆那比之罪。」這樣一句話。

小竹祝與天野祝是否有肉體關係，我們不得而知，但是不論如何，既然願意同生共死，一起合葬，想必是超乎友情的感情吧。但是考慮到神功皇后說兩人的關係是「罪」，說不定在當時，男色可能是禁忌吧。不論如何，這都是個極為浪漫的故事。回顧BL作品中，經常有把同性愛情視為禁忌的描寫，這故事也許可說是日本最古老的BL吧。

古代作品中擦邊球的男色

進入平安時代之後，有一部更明顯提到男色的作品，就是無人不知、無人不曉的《源氏物語》。

如果把現實或虛擬人物都囊括在內的話，男主角光源氏可說是最知名的日本男性之一。在故事中，光源氏是當時第一風流男子，與許多女性有過露水姻緣。但其實，《源式物語》中也有暗示男色的場面。

光源氏曾經愛上一名名為空蟬的女子。為了接近空蟬，光源氏拉攏她的弟弟小君幫忙穿針引線，希望能與空蟬發展感情。可是空蟬的態度十分冷淡，完全不理光源氏的追求。後來，光源氏逐漸開始覺得小君比較可愛，轉而寵愛起他。這時的光源氏17歲，小君大約12～13歲。有一次，光源氏又被空蟬拒絕，找小君訴苦，最後更與安慰自己的小君同衾。「撫摸起來的感覺，很纖細嬌小。」睡在同一床被子裡的是17歲的美男子，與被撫摸身體的、令人憐愛的少年。

弘法大師也沉迷於陰莖!? 推廣男色的僧侶

如同前述的，既然平安時代的文學中會提及男色，就只能認為當時的社會上確實有這樣的情況存在。

其中最有名的人物，是平安時代的留唐高僧空海法師。他是真言宗的開祖，是知名的弘法大師，更是歷史課本中一定會提到的名字。這麼有名的大師，真的好男色嗎？

空海在西元804年前往大唐留學。據說唐代妓業發達，首都長安甚至有不少男娼，當街買賣身體。與空海一起前往唐朝的留學僧，確實可能因此接觸到最新的流行，並積極地與男娼交流。

這些留學僧回到日本後，把男色推廣到日本社會中。

當時日本男色的象徵，就是「稚兒」。

所謂的稚兒，指的是在真言宗與天台宗的大型寺院中修行的12～18歲少年僧。這些少年僧不必剃髮，有時還會穿女裝。

原則上，真言宗與天台宗的寺院禁止女性進入。對僧侶

COLUMN-1

而言，與女性性交是「汙穢」的事。就連歷史上很有名的源義經與弁慶，都曾經是稚兒。說不定在盟友之間，也是有過BL的？

稚兒被僧侶視為神聖的存在，甚至出現了稚兒信仰。其中還有名為「稚兒灌頂」這種生猛的儀式——將稚兒視為觀音菩薩的化身，讓稚兒以肛門接受僧侶的陰莖，以此拯救僧侶。稚兒的用處，不言而喻。

這樣的男色文化不只在僧侶之間盛行，也普遍地流行於平安時代的貴族之間。平安時代末期的政治人物藤原賴長的日記《台記》中，赤裸裸地提到他與男人的3P，以及與妻子的兄弟之間的性愛等軼事。簡單地說，在平安時代，男色是僧侶或貴族這類身分高貴的知識分子階級，才能接觸到的時尚風俗。

織田信長也愛！少年們是受到憧憬的存在

日本的稚兒文化，以佛教為中心推廣，後來也在武士之間傳開。鎌倉時代的《稚兒草紙》中提到，為了讓肛門擴張，會先以沾滿丁香油的毛筆插入肛門，之後再插入假陽具讓肛門習慣。透過這些文獻，武將階級也接觸到了男色，開始找美少年陪在自己身邊，稱為「垂髮」。

進入戰國時代之後，由於戰事頻仍，武士之間也開始出現男色。西元1562年，來到日本的傳教士路易士．佛洛伊斯提到，「我們傳教士教兒童的，是教義與尊貴、正確的禮儀；但和尚教兒童的，是彈琴唱歌、玩遊戲、擊劍等事。而且還會對他們做令人作嘔之事（男色）」。對外國傳教士來說，應該是相當震撼的文化衝擊吧。

說到好男色的知名武將，有織田信長、武田信玄、上杉謙信等人。他們主要以「小姓」為對象。

所謂的「小姓」是侍奉於武家的少年，這些少年長大之後，

illustration by 叙火

COLUMN-1

通常也會成為武將。據說知名武將前田利家，也曾經以小姓的身分與織田信長有過肉體關係。織田信長的小姓中，最有名的是森蘭丸，除此之外，還有跟著傳教士到日本的黑人奴隸。順帶一提，這名黑人奴隸很受信長寵愛，直到最後都盡忠於信長。由此可以推測，他成為信長的小姓後的生活，應該比奴隸時期好很多吧。

為什麼男色會在戰國時代如此流行呢？因為，武士在上戰場前的3個月之內，不能接近女色，這是當時的不成文規矩。至於征戰期間，當然也不能接近女色。

因此，對武士們來說，小姓是很重要的存在。在經常征戰的生活中，性愛的對象當然是以少年為主。像這種武士之間的男色，稱為「眾道」。

時光流轉，來到和平的江戶時代。原本屬於貴族、僧侶、武士等上流階級的風雅嗜好男色，開始逐漸普及於民間。

男色之所以能在民間擴散，主要的原因之一是「若眾歌舞伎」。基於風紀問題，當時政府嚴格禁止由女性上臺表演，因此賣弄情色的阿國歌舞伎，則全由男性登臺演出的若眾歌舞伎開始取而代之。男色文化也因此廣為流行，甚至出現了名為「陰間」的男妓。

「浮世草子」文學詳細記載了當時的流行。例如浮世草子文學的代表作《好色一代男》（井原西鶴／1686年）中，主角不只與許多女性發生關係，書中還有與許多男性的性愛描寫。

之後的明治、大正期間，基督教式的思想開始滲入日本社會，男色逐漸成為禁忌，但是年輕人之間仍然不乏這種禁忌之戀。由上述歷史可知，男色在日本文化中源遠流長，我們對男色的包容，也許是深深刻在DNA當中的吧。

第 II 章

BL男子的實踐技巧 ~初級篇~

陰莖的舔與吸！

首先是愛撫！

本章將說明男性之間通常是以哪些方式得到性的歡愉。首先要說明的是，雖然非常基本但卻著實博大精深的以「口」取悅的方法。

在提到「口交」的時候，喜歡BL的大家會想到哪些玩法呢？首先想到的應該都是「吹簫（fellatio）」吧。可是礙於出版法規，BL漫畫中的陰莖通常會留白，所以無法明白具體上的做法（近年來，也許有人能藉著網路，從外國的成年色情網站看到無碼賽克的畫面就是了……）。

如字面意義的，吹簫（咂陽）是以口腔刺激對方陰莖的性愛技巧。雖然說是刺激，但不是一味地猛舔或是用力狂吸而已。當然舔與吸都是吹簫時的重要動作，但光只有那樣，算不上能體會真正的吹簫之樂技巧。

在把陰莖含入口中之前，應該先好好享受陰莖的造型與氣味。假如陰莖還沒勃起，就仔仔細細地觀察該陰莖的色彩、形狀，有沒有痣等等，並以手慢慢愛撫，欣賞陰莖逐漸變硬、脹大的過程。

在這個階段，最重要的是別讓陰莖在手中完全勃起。吹簫的真正妙趣，是以口腔感受陰莖在口中變粗、變硬的感覺。所以，這個階段不是以勃起為目的，而是在觀察陰莖的同時，細細愛撫陰莖。

如果能一邊觀察一邊說些挑逗的話，會更有效果。例如攻可以說「真可愛」或「你想要我欺負你哪裡呢？」，受的話，可以哀求「快舔我吧」或是稱讚「好大……！」之類的話，製造情趣。

假如與對方是第一次做愛，以陰莖作為主題的對話，將會成為之後性愛時的潤滑劑。畢竟在抽插時，很少有人會一直說話，所以前戲階段的小交流是非常重要的。

享受氣味！

愛撫之後，接著是享受氣味。假如在做愛之前已經先洗過澡了，只要稍微確認不髒後，就可以直接把陰莖

illustration by 夏目かつら

含入口中。如此一來，就能感受到陰莖發出的「這個人特有的氣味」。那氣味說不定是混入了因興奮而冒出的汗水的氣味。

有些人喜歡偶爾從陰莖內側散發的氣味，或是從龜頭流出的液體的氣味。由於每個人的氣味都不一樣，所以這是能感受到與自己不同的氣味的寶貴瞬間。請好好享受對方特有的氣味。

做愛的時候，最重要的是與伴侶之間的信任感。令人意外的是，其實嗅覺對於信任感有相當的影響力，這是因為接收到伴侶發出的費洛蒙的緣故。

假如在做愛的時候，沒來由地覺得自己與伴侶合不來，也許是因為下意識地對伴侶的氣味感到不愉快喔。

舔的時候要故意讓對方難以忍耐！

充分享受過陰莖的氣味之後，總算要開始「舔」了。雖然可以先從喜歡的部位開始舔，不過最推薦的部位是包皮繫帶（位於龜頭下方，連接龜頭與包皮的皮褶狀軟組織）。以舌尖蜻蜓點水似地輕舔這部分的話，陰莖會顫動不已，就視覺與觸覺來說，都令人感到愉悅。

接著從陰莖側面或後方，由前到後地來回舔舐陰莖，享受硬度逐漸增加的感覺。舔到陰莖根部時，以舌頭在根部轉一圈會很有效果。等舔到底之後，再往龜頭的方向舔回，舔到接近龜頭時，把舌頭放平，增加接觸面積，唰地快速舔上去。接著再用舌尖蜻蜓點水地輕啄……交互使用不同的舔法，享受包皮繫帶逐漸繃緊，以及血管浮到陰莖表面的感覺。

接下來開始刺激龜頭。注意不能直接進攻馬眼（龜頭的開口部分），而是要沿著龜頭邊緣，畫圈似地慢慢舔，一邊讓龜頭在舌頭上滾動，一邊緩緩接近中央部位。即將抵達馬眼時，則再次退開，舔舐周圍部分。故意不舔馬眼，使對方難以忍耐，腰部也會忍不住扭動起來。

此時馬眼會開始流出略帶鹹味的透明黏液——考珀液。

等考珀液累積在馬眼時，彷彿小鳥喝水似地「啾」地輕吻馬眼，享受此時伴侶的反應。

吸的方法也有很多種！

總算要開始吸吮了。首先，從吸吮勃起前的柔軟陰莖開始。

把尚未勃起的陰莖含入口中，可以感受到舒適的柔軟。接著收縮嘴唇，讓陰莖在舌頭上滾動，以整個口腔享受陰莖的滋味。

在這樣的刺激下，陰莖會逐漸在口腔內變硬。據說這種「陰莖在口中變粗變硬的感覺」，有其他行為得不到的幸福感。

如此這般的，一邊感受陰莖的變化，一邊時不時地收緊嘴唇，刺激陰莖的根部與莖體部位。

等到陰莖變大變硬之後，從正前方含住變成棒狀的陰莖，以嘴唇前後套弄。這時候，最好盡可能地收縮口腔，吸吮似地讓口腔呈真空狀態，如此一來，能帶給陰莖更強烈的刺激與快感。

將龜頭頂在口腔內側的臉頰上，以黏膜愛撫陰莖的方法稱為「刷牙式」。當「受」這麼做時，臉頰會如刷牙般地鼓起，兼具可愛與淫蕩的感覺，很有視覺上的刺激效果。

等到陰莖充分勃起，並被唾液充分潤滑後，大幅度地前後移動頭部，增加套弄強度，同時更加用力地以舌頭吸吮陰莖。

以文字加以描述的話，感覺似乎複雜又困難，但是實際做的時候卻是意外地簡單喔。

假如陰莖太粗，無法完全含入口中，可以橫向含住陰莖，一邊以舌頭纏著陰莖，一邊左右滑動。這是所謂的「口琴式」，快感與視覺效果不輸給直接吸吮。

在A片中，舔吮陰莖經常會伴隨著發出聲音。這是為了製造影片效果，刻意做出來的表現。實際在舔吮的時候，不一定非得發出聲音不可。假如雙方都會因聲音而興奮，則可以有意識地累積唾液，在吸吮陰莖時將空氣一起吸入，就能發出響亮的聲音。但是要注意，一旦做過頭的話，有時反而會令人掃興。

吸吮陰莖的時候，通常會以手握住根部。假如有多餘的心力，可以稍微用力地握住陰莖，在根部加以套弄，這樣可以讓對方更有感覺。以這樣的方式一邊改變手部位置，一邊改變口腔與舌頭刺激的部位，能帶來更多變的快感。

雖然統稱為「吹簫」，但是在細部操作上其實有各種技巧，而且效果各不相同。

吹簫是能在最短的距離享受陰莖反應的行為，所以在進行時，最重要的是懷著對伴侶的愛情，以深深的愛憐來包容陰莖。

「吞精」會不會很可怕？

讓伴侶吞下射出的精子，稱為「吞精」。吞精在A片是中很常見的行為，應該不少人都看過這種場面。

「不喜歡精子特有的味道」、「和尿液從同一個通道出來的，覺得很髒」，基於這類的理由，其實有不少男性對吞精感到抵抗。但是對射精的一方來說，被吞精能滿足支配感與征服感；對吞精的一方來說，這個動作可以展現為伴侶服務的心情與特別的愛，是一種很高段的玩法。

「吃下精子」本身是無害的，雖然有被精液嗆到的可能性，但是熟練之後，就知道如何避免被嗆到了。

本節將介紹射精的時機，讓大家瞭解順利「吞精」的技巧。

性行為中的陰莖會發出「即將發射」的訊號。第一個訊號是上一節提到的考珀液，那是略帶鹹味的透明液體，只要開始不停流出，就是代表對方有感的證明。考珀液的流量因人而異，有些人甚至宛如倒了潤滑液般又多又濕。繼續施予刺激的話，陰囊會稍微膨脹，甚至向上移動（假如陰囊本來就偏大的人，就算膨脹了，有時也難以察覺）。

在給予的刺激超過界限後，原本粗硬的陰莖會更加脹大，血管的跳動變強變快，龜頭鼓脹，完成射精的準備。

射精的瞬間，口腔中的陰莖會縮小，或者該說有種緊繃的感覺。下一瞬，精液就會噴射而出。這和打手槍時的反應也是一樣的，只要常與相同的伴侶做愛，應該就能明白對方的「射精習慣」。做愛時，最好能仔細觀察對方，與對方一起感受射精的瞬間。

至於射在口中的精子，一般會認為很「很腥」、「很苦」。但是事實上，精子在接觸到空氣後，腥味會變得更重，直接射在口中的話，反而不會那麼腥。

精子的味道因人而異。除了個體差異之外，同一個人的精子的濃度與味道，也會因身體狀況而不同。有時濃、有時淡，有時鹹、有時甘、有時苦。

畢竟是心愛的伴侶的精液，當然會想藉著品嘗濃度與味道，瞭解伴侶的身體狀況了。

illustration by 加賀城ヒロキ

陰莖口交的高級技巧

深喉嚨的奧義是？

一般的吹簫是利用嘴唇與口腔，以舔或吮的方式刺激陰莖的方法。進階版的話，還有名為深喉嚨（Deep Throat）的技巧，能帶給陰莖更多快感。

所謂的「深喉嚨」簡單地說，就是把整根勃起的陰莖含入口腔的技巧。假如陰莖很長，龜頭有可能會頂到咽喉。因此對於喉嚨脆弱，或是受到一點刺激就會想吐的人來說，最好不要勉強自己嘗試。

這個技巧不論由攻方或受方做，都能感受到性的歡愉。由攻方做的話，可以感受徹底操控對方的快感，滿足「控制了這根陰莖」的支配感；由受方做的話，能因被頂到咽喉的痛苦，感受受虐的愉悅，產生以全身侍奉對方的激昂感。

實際進行深喉嚨的時候，依順序必須先讓對方的陰莖充分勃起，接著將陰莖一點一點地朝喉嚨深處吞嚥。等龜頭頂到喉嚨的黏膜後，以整個口腔與咽喉的套弄來刺激陰莖。

日本或歐美的A片中，經常可以看到一口氣把陰莖吞到底，或是激烈地在喉嚨抽插的場面。其實那樣會很痛，只有經驗相當豐富的人，才能輕而易舉地做到那樣的深喉嚨。一般人做的時候，必須小心才行。

對初學者來說，深喉嚨是難度很高的技巧。但是如果能做到，則能為陰莖帶來與普通的吹簫不同的樂趣，而且也能讓伴侶沉浸在「居然能為我做到這種地步嗎？」的滿足感中。

要怎麼做，才能學會深喉嚨呢？只能說，要多多鍛鍊喉嚨了。

一開始不要太勉強，慢慢地把陰莖插入口腔深處。一般來說，當陰莖抵達喉嚨入口時，會產生嘔吐感或是覺得痛。這些都是正常的生理抵抗，所以只要在做得到的範圍內，一點一點地深入即可。接著，在含著陰莖的情況下吞嚥唾液，喉嚨就會自然收緊。

之後，讓陰莖離開喉嚨，改為普通的吹簫來讓喉嚨恢復。等恢復得差不多了，再次深入……如此不斷重複，讓喉嚨習慣異物。

重複的次數多了，身體會自然地產生保護黏膜的反應，彷彿分泌愛液般地，分泌大量唾液。而且唾液的黏度還會增加，有如潤滑劑似的。

如此反覆練習，日子一久，陰莖就能插入到更深的部位。

等咽喉漸漸習慣異物之後，最初的抵抗感就不會那麼強烈，可以直接讓龜頭進入懸雍垂的部位。假如陰莖能順利進入這裡，就能有意識地收緊咽喉，刺激龜頭的冠狀部分，同時也能讓自己不會有不舒服的感覺。

深喉嚨可說是以口腔與陰莖性交的方式。每當收緊咽喉時，陰莖就會在口中顫動不已，也能看到對方輕聲喘氣的模樣，令人感到無比開心。深喉嚨也許能說是一種能更深刻地實現愛與被愛的技巧吧。

強制深喉真的可行嗎？

以深喉嚨確實地鍛鍊過咽喉之後，還可以挑戰強制深喉（Irrumatio）。

深喉嚨是吞嚥的一方主動把陰莖吞到咽喉深處的技巧；強制深喉則是插入的一方把吞嚥方的口腔當成陰道般抽插的做法，是相當高段的玩法。

就算男女之間，除了有強烈被虐傾向的女性之外，也幾乎不會以這種方式性交。不過反過來說，願意這麼做的話，等於受方一定是自己喜歡這種玩法（但是在男性同性之間，就不是那麼單純了。就算是攻，也有喜歡被強制深喉的人）。

不過，這種玩法稍有失誤，就會讓吞嚥的一方會覺感喉嚨疼痛，甚至嘔吐。所以抽插的一方，必須明白吞嚥方的極限到什麼程度才行。當然，AV男優的經驗比一般人多上太多，所以能調整角度，配合女優，在表演時避免太過粗魯地頂到喉嚨。

就像前文提過的，進行深喉嚨的時候，口腔會分泌大量黏稠的唾液，這種唾液比潤滑液更不容易乾，是最好的潤滑劑。

等到咽喉充分打開，作為潤滑劑的唾液大量分泌，多到足以從嘴角流出時，再慢慢加快頂進喉嚨的抽插速度。雖然從畫面上看起來，很像虐待，不過攻方抓住受的頭髮，或摟住受的頭，反而方便受被抽插。

不分男女，只要是受虐傾向強的人，光是被這樣對待，就能在腦內達到高潮了。話說回來，陰莖頂進咽喉內並來回抽插，受方自然會變得呼吸困難，陷入輕度的缺氧狀態。繼續下去的話，還會變得無法思考，意識集中在咽喉，心跳也不斷加快。雖然不清楚這心跳加快是因為興奮呢？或是因為喘不過氣？總之，繼續下去的話，最後會變得很舒服，渾身充滿幸福的感覺。雖然沒有科學依據，不過在這種情況下，腦中似乎會分泌腦內啡（Endorphin）或者某些使人感到快樂的物質。

強制深喉的快感，只有體會過的人才能明白。使用的只有喉嚨，卻能得到驚人的快感，使人沉浸在差點失去意識般的快樂之中。

當然，有許多人無法抵達那種愉悅的境地，或者根本沒有辦法感受到快感。如果是這樣，則不必勉強自己去做。可以在深喉嚨階段稍微試試看，覺得「自己好像做得到」的話，再來鍛練。

此外，「強迫伴侶玩強制深喉」是絕對禁止的事。那樣不但可能把胃中的東西吐出來，而且還有可能造成不必要的危險。必須把雙方的共識擺在第一順位，在安全、慎重的情況下享樂才行！

也要舔陰囊喔！

雖然「陰莖」指的是莖體與龜頭的部分，但是陰囊也是男性的敏感部位之一。

如第14頁介紹的，陰囊是保護男性重要的睪丸的厚皮囊。睪丸的尺寸約在4～5公分之間，幾乎所有人都差不多，但是包在陰囊外的那層皮，可就千差萬別了。因此，愛撫這皮囊時，也會因厚薄或大小，而有各種不同的方法。

皮膚薄、不會下垂的陰囊，屬於很敏感的類型。只要輕舔表面，就能顫抖不已。把陰囊含在口中，轉動舌頭愛撫的話，就能給予更強烈的快感。必須注意的是，由於皮膚薄，睪丸容易直接受到刺激，假如愛撫得太用力，可能會導致疼痛。面對這種陰囊的時候，請輕柔地愛撫它。

相反的，皮膚較厚、天氣熱或溫度高時會下垂的陰囊，則可以承受較強的刺激。簡單地說，陰囊的皮膚越厚，通常越不敏感。

溫度高時會伸長的皮膚，拉開的話，有時甚至能包覆整條陰莖。拉開時，當然也不會感到疼痛。因此，前述的「把陰囊含在口中，轉動舌頭輕輕愛撫」，就難以產生快感。因此，含住陰囊時稍微用力吸，趁著皮膚變薄時再加以愛撫，會比較有感覺。

何謂輕重適中的愛撫，因人而異。重要的是，必須仔細觀察伴侶的反應，找出「適當」的力道。

充分含過陰囊，使陰囊沾滿唾液後，接下來以舌頭沿著有如把左右皮囊縫合起來的陰囊中線，一路舔到會陰加以刺激。會陰是很敏感的性感帶，只要用手指輕撫就很有感覺。以柔軟的舌頭來回舔會陰中線的部分，能使對方舒服到忍不住挺起腰的程度。

在熟練之後，可以一邊用右手套弄陰莖與龜頭，一邊含住左右兩邊的陰囊，以舌頭舔吮，同時以左手愛撫會陰到肛門的部分，進行這種複合式的玩法。「怎麼可能一次做到這麼多事！」或許有人會這麼認為，但是一件一件地慢慢練習後，不管是誰都一定能做到。BL世界的男性，也會像這樣使用各種技巧來愛撫陰莖喔。

將陰莖舔乾淨，是確認愛情的最後儀式

吹簫、舔陰囊、以喉嚨徹底套弄陰莖……以這些方式進行愛撫，使對方射精後，最後的表現愛情的行為，就是幫忙把陰莖舔乾淨。

不只口交，有些人在肛交後，也會幫忙把陰莖舔乾淨。

「舔乾淨」聽起來有種玩SM的感覺，但是只要想成後戲，接受度就會高多了。不需要強迫，也不分攻受，讓想做的人做就好。不過，如果幫伴侶這麼做，確實能與伴侶建立更良好的關係。

身為男人，大家都知道射精後的陰莖是極為敏感的。雖然A片中可以見到射精後繼續用力玩弄陰莖的場面，但是在現實中，除非對方有受虐傾向，並把這當成性愛遊戲的一部分，否則做過頭的話，是會被伴侶討厭的。請輕柔地對待剛射完精的陰莖。

首先，把殘留在馬眼中的精液吸出。必須注意的是，不能突然用力吸。由於這時候的陰莖還很敏感，所以只要輕輕吸起殘留在表面的精液即可。射精時，假如精液飛濺到陰莖其他部位，也要記得把這些部分全部舔乾淨。

接著，溫柔地以舌頭從陰莖根部舔到龜頭。假如口交時，陰莖沾上太多唾液，則緩緩地以舌頭愛撫，把那些部分舔乾淨。這時候也同樣不能用力地舔，要以「辛苦了」般的感覺慰勞陰莖。

在緩慢又溫柔的清掃過程中，陰莖也會從敏感模式慢慢變回一般模式，接著會進入所謂「賢者模式」，從情慾中整個清醒過來。

雖然也可以就這樣結束，不過有時候也會想再稍微調情一下，更甜蜜地相處一會兒。在這種時候，可以調整舔乾淨時的強度，延遲賢者模式到來的時間，沉浸在餘韻裡。

說到BL式的性愛，第一個想到的通常是肛交，但口交也是不輸肛交的重要性愛方法喔。

手槍該怎麼打才會舒服？

打手槍不只是套弄而已！

說到BL作品中一定會出現的情節，就是以手玩弄陰莖。這種玩法一般稱為「打手槍」，和吹簫一樣，有各式各樣的花招。

本節將說明如何打手槍，才能讓伴侶更覺得舒服。

到目前為止，已經提過很多次了，「玩弄龜頭」是性愛的一大重點。龜頭的玩法博大精深，自古以來，人們想出了各式各樣的技巧，以追求在自慰時，或是與伴侶共享快感。

想正式把玩龜頭時，最好準備潤滑劑之類的道具，玩起來會更有效果。做到一半乾掉時，可以加上唾液作為潤滑。首先刺激陰莖，使其勃起到某個程度，露出龜頭。接著將大量潤滑劑倒在其上，以掌心覆蓋住龜頭，有如轉開水龍頭似地旋轉手掌，只刺激龜頭的部分。

被玩弄的一方，會因為非比尋常的快感而挺起腰，發出以嘴或普通的套弄法時聽不到的喘息聲。玩弄人的那方也會因很有成就感而樂在其中。

等潤滑劑沾滿手掌與龜頭後，張開手掌以掌心旋轉、摩擦龜頭。不是單純地前後左右摩擦，必須以不規律的速度與動作，摩擦龜頭的各個部位。如此一來，對方將發出難耐的呻吟。

雖然這只是本研究會的一己之見，不過最有反應的是名為「地獄車」的技巧。首先，以左手（非慣用手）的拇指與食指環住冠狀溝，以右手（慣用手）的手掌抵在龜頭前端，大幅迴轉。看起來就像把右手手掌蓋在刺激冠狀溝的左手手指上似的，是非常容易做到的技巧。熟練之後，可以改成以左手握住陰莖，一邊箍緊冠狀溝，一邊套弄莖體部位，右手在龜頭旋轉的複合式技巧。

這技巧相當有效，根據認識的男同性戀者的說法，不分攻受都會很有感覺。而且因為太有反應了，不論有沒有S的興趣，都會被挑起施虐心。配合後述的「寸止」，將會更有樂趣。

不過，這種技巧也是有缺點的。假如因為「覺得很舒服」而經常如此玩弄龜頭，龜頭的敏感度會下降。如

illustration by 波野ココロ

此一來，就需要更強烈的刺激，否則無法得到快感。所以請記得適可而止。還有，馬眼很容易發炎，必須注意別讓髒掉的潤滑劑進入其中。

除此之外，還有把絲襪套在龜頭，或是以AV棒、跳蛋等情趣玩具刺激龜頭的變化型玩法。發揮創意思考各種新玩法，可以說是玩弄龜頭的優點吧。

有效的打手槍技巧

接下來要說明的是打手槍最基本也是最重要的技巧——摩擦莖體部位。單純地垂直上下套弄，是打手槍最基本的做法，但光只有這樣的話，沒多久就會膩了，變成例行公事般地打手槍。所以就算是莖體部分，也要花心思給予各種刺激，舒舒服服地射精喔。

最常見的上下套弄，大家應該很容易想像那畫面吧。要訣在於，在上下滑動時加上其他變化。例如一邊旋轉，一邊上下套弄。光是這樣，刺激就有所不同。除此之外，還有滑動到接近龜頭時，稍微用力握緊陰莖等等。只要有一些小變化，感覺就會不一樣了。

除此之外，也不能一味地等速上下套弄。激烈地套弄一陣子後，突然暫停，以指腹滑過包皮繫帶；或是一邊套弄陰莖，一邊玩弄龜頭或陰囊等等，諸如此類的「吊人胃口」動作也是很有效的技巧。

必須注意的是，同為男性時很容易會以自慰時的強度去套弄對方的陰莖，但是每個人覺得舒服的方式與力道都不同，幫對方套弄時，要特別留意這點。

喜歡又快又用力的人、喜歡慢慢摩擦的人、只喜歡刺激某些部位的人……每個人的感覺都不一樣，幾乎不可能有喜好完全一致的情況。以「上一個床伴喜歡這樣」的想法去做，可能得到「好痛！」或「再用力一點」等的反應。比起龜頭，每個人莖體的敏感度差距非常大。

既然如此，該怎麼做才好呢？

這時候就只能努力做錯誤嘗試了，總之要盡量嘗試。冠狀溝、包皮繫帶、陰莖根部……試著以不同的強弱分別刺激各部位，套弄久了，就能自然地明白「這個人的這部分最敏感」這件事了。

探索對方的快感地帶時，最重要的就是溝通。「這裡怎麼樣？」、「舒不舒服？」假如一直問這類問題，會變得很不來勁。不過要是在覺得對方似乎有感覺時，以可愛的態度發問的話，伴侶應該也會怦然心動吧。

有時候不加以套弄，只是輕握彼此的陰莖說情話，也是很不錯的。射精不是一切。最重要的是「讓彼此覺得舒服」的心。

就算包莖也能愉快地打手槍

關於包莖，就如第1章提到的，只要不需就醫，就算包莖都能正常做愛。尤其雙方都是男性時，有包皮的人，有時反而能更舒服。勃起時能完全露出的假性包莖，在愛撫陰莖時，還可以利用這層皮做各種變化。

最常見的做法是利用包皮來套弄。等陰莖勃起到多出來的皮能順利推開又拉回原位時，就算沒有潤滑劑也能流暢地套弄。看到處於柔軟狀態時，被皮包藏在深處的龜頭因勃起而探頭的模樣，會忍不住產生愛憐的心情。

利用包皮套弄時，最重要的是「不能每次都全部推開」。當然也有喜歡全部推開的人。但是一下子全部推開的話，刺激可能會太強。

一開始慢慢推到一半，第2次再多推開一點，第3次時全部推開……如此循序漸進，每次推開的程度都不一樣，可以能帶來更多套弄的樂趣。

除此之外，也可以故意吊人胃口，每套弄10次左右，才讓龜頭完全露出1次。

龜頭完全露出時，在套弄到冠狀溝的瞬間握緊陰莖，也是一種變化方式，會讓人更等不及讓龜頭露出。

像這樣讓伴侶幫忙套弄，可以感受到自慰時沒有的快感，實際體會到「被人幫打手槍」是怎麼回事。自己來的話，可以馬上發射，但是別人幫打的話，力道的強弱或刺激重點部位，會有微妙的不同，被吊著胃口也能提升快感。

其他愛撫包莖的方法，還有在稍微勃起時，把包皮左右拉開，以舌頭探進去輕舔馬眼的方法。這是自慰時絕對做不到的事，有些人應該會很驚訝。愛撫還沒探出頭的龜頭，感覺非常新鮮。

此外還有吹氣製作「皮氣球」，或是把水灌進去製作水球等等的玩法。就快感而言，這些玩法很微妙，但是很有戀人們在床上交流的感覺。

男人真的能潮吹嗎!?

潮吹時不可以弄痛陰莖!

只有女性才有辦法潮吹吧?男人只能射出精子而已。也許有人這麼認為,但男性確實也是能潮吹的。本節將解說讓男性潮吹的做法。

首先,以各種技巧使對方射精。射精後,陰莖的反應可以分成立刻疲軟下來,以及還「很有活力!」兩種。如何反應,也與當事者當天的身體狀況有關。總之,假如陰莖在發射後仍然很有活力,就有潮吹的可能。

第1個步驟是刺激射精後的陰莖。射精後的龜頭極為敏感,在發射後立刻給予強烈刺激的話,反而可能痛到軟掉。因此,剛開始時,只要時不時地輕輕刺激莖體部位,使陰莖維持在勃起狀態就好。

等敏感度降到即使碰觸龜頭,也不會覺得難耐時,開始對龜頭做直接的刺激,並慢慢加強刺激的程度。

光是刺激陰莖,仍然不夠的話,可以將手指插入肛門,刺激前列腺(參考第84頁)。前是陰莖、後是前列腺,前後夾攻。對施予刺激的一方來說,雙手很忙,但是假如做得好,則能讓對方得到強烈的快感。

在射精後仍然持續接受刺激,接受的一方會湧起有如尿意的感覺。繼續刺激下去,會產生被比射精還強烈的快感與解放感。這個時候,最重要的是讓被刺激的一方覺得「就算尿出來也沒什麼好丟臉的」。一直在意丟不丟臉的話會一直忍耐,就無法潮吹了。必須讓接受的一方有安全感,才能專心沉浸在快感之中。

雖然想體驗潮吹,不過覺得痛的時候就必須斷然中止,改天再重新挑戰。

與女性的情況相同,潮吹並非「誰都可以簡單做到」的事。再說,「潮」究竟是什麼液體,是從哪裡分泌的,目前也還沒有定論。

雖然說只要刺激G點,女性就能相對簡單地潮吹,但是能否真的潮吹,還是有個體差異,有些人就是無論如何都無法潮吹。

以男性來說,由於潮吹與射精一樣,液體都是從尿道噴出,一旦摩擦過頭不只會覺得痛,甚至會對今後的射精造成障礙。所以要切記,必須在不過度勉強的程度之內練習。

illustration by 夏目かつら

只有都是男性才能做到的磨槍

可以重新確認愛情的磨槍

不單單只有高昂的性慾，還能把熱烈的愛情放在陰莖中互相碰撞的，是只有雙方都是男性才能做到的性愛技巧——「磨槍」。

所謂的「磨槍」是讓陰莖緊貼在一起，互相摩擦的性交方式。從名字給人的印象，感覺起來像是兩個渾身肌肉的壯男以陰莖猛烈擊劍似的，但其實磨槍也能溫柔地進行。

磨槍建議在雙方有深厚感情的情況下時進行。雙方的陰莖緊貼在一起，視覺效果相當淫靡，令人興奮。互相摩擦龜頭部分的話，雙方的考珀液融合在一起，有種將雙方的愛也混合在一起的錯覺。

順帶一提，不建議戴著保險套磨槍。因為刺激度與親密感都會變弱很多，快感也會減半，令人掃興。

基本的磨槍方法，是讓勃起的陰莖緊貼在一起彼此摩擦。一邊以因興奮而怒張的龜頭愛撫對方，一邊讓張合不已的馬眼接吻。這是雙方都有陰莖的情侶，才能做到的表現愛情的方法。

讓勃起的陰莖互相摩擦，當然很舒服。但磨擦還沒勃起時的柔軟陰莖，也是一種方法。感受在摩擦的過程中逐漸勃起、慢慢變硬發燙的陰莖，也別有一番樂趣。

而且在磨槍時不用手也沒關係，可以十指交握，或是愛撫彼此的乳頭，直到陰莖變硬為止。讓陰莖互相愛撫到勃起，不覺得這樣的感覺很棒嗎？

等到雙方的陰莖都變硬後，再握住自己的陰莖開始摩擦，或者也可以握住對方的陰莖互相摩擦，這樣應該也很有樂趣。

由攻同時握住雙方的陰莖，或是雙方分別以單手包夾彼此的陰莖，也都是磨槍的方法。可以依雙方的身體姿勢，自由改變摩擦的方式，照著兩人的感覺找出最舒服的磨槍法。

除此之外，也有隔內褲摩擦的方法。雖然比不上直接摩擦來得有感，但是等不及脫下衣物，作為前戲讓下半身緊貼在一起隔著內褲摩蹭，也有小火慢燉的樂趣。等到考珀液濕到透出內褲，就能脫下褲子，直接感受對方的陰莖！前戲的時間越長，在感受到陰莖的熾熱時，就越能令人湧起愛意。

也有這種高級技巧！

磨槍不只是單純地摩擦陰莖而已，當然，光是那麼做也能得到快感，但是等級更高的人，能以更有快感的方式磨槍。

例如讓雙方的龜頭完全貼合，包覆雙方龜頭似地握住陰莖套弄，或是以空著的手掌抵在龜頭上旋轉、按摩。

配合磨槍，逗弄龜頭，使兩人的考珀液混合在一起，如潤滑劑般刺激兩人的馬眼。不論在視覺上或體感上，都有難以想像的快感。

磨槍的時候建議以對面坐位進行。雖然以這樣的體位磨槍有點困難，但是貼合度比正常體位更高，可以直接抱緊對方，充分感受愛情。

普通地玩弄龜頭，就已經很舒服了，凝視著彼此，將身體緊貼在一起……光是想像，不是非常令人心跳不已嗎？而且摩擦的時候，雙方的腰部會一起搖動，同時摩擦到莖體與龜頭，因此沉浸在升天般的感覺之中。

假如兩人的情緒與快感能一起升到最高點，同時發射的話，就是最棒的瞬間了。將快感提升到接近極限，但是先忍耐著，直到最完美的時機到來，這光是用想像的就讓人非常興奮。

此外，雙方的手中也會沾滿濃稠的精液。就算不肛交，許多人也能因此感到滿足。

在浴室磨槍令人興奮！

從網路上的資訊可知，在男同性戀者中，磨槍是相當熱門的做愛方式。不肛交，只以磨槍確認愛情的男同性戀者，比想像中的還要多出許多。

為什麼這麼多人喜歡磨槍呢？

最主要的原因是「兩人能一直面對面」。既然要一起磨擦陰莖與龜頭，在體位上就勢必要正面相對，並且必須緊貼在一起才行。凝視著彼此，偶爾看向雙腿之間淫靡的陰莖，以空出來的手抱住對方，當興之所至時盡情地接吻。

這麼做，不只能得到觸覺方面的快感，還能得到精神方面的喜悅與幸福感。

對肛交有排斥感的人，以及還沒有開發過肛門，但是喜歡享受快感的人來說，能讓兩人同時得到快感的磨槍，應該是最理想的性愛方法吧。

磨槍的變化形玩法之一，就是在浴室進行。雙方一起進入浴室，一邊將沐浴乳抹遍全身，一邊磨槍。如此一來，不只考珀液，還能藉著沐浴乳潤滑，得到更多快感。

兩人色色的喘氣聲迴盪在浴室裡……這種情境也很令人興奮。但是太舒服的話，注意力可能不夠集中，以至於不小心滑倒。為了避免這種情況，在浴室磨槍時，最好以跪立姿勢或坐著進行。跪立的時候，還能讓雙方的腿交纏在一起，互相摩蹭。

在浴室磨槍，還能衍生出在墊子上進行的玩法。

如果是狹窄的系統式衛浴可能有難度，但如果浴室的地板空間夠大，就能在家裡玩了。就算沒有充氣床墊也沒關係，為了避免在玩的時候背部會覺得痛，可以改鋪拼接地墊做為代替。以現狀來說在大型五金行或網路商店，都能買到便宜的墊子。

雙方脫下衣物、赤裸相對，將潤滑劑抹滿全身之後，就能在墊子上進行了。

既然都在身上塗抹大量潤滑劑了，所以不只陰莖，乾脆來挑戰以全身磨槍吧。其中一方躺著，另一方趴在其上，以陰莖摩擦全身所有部位。感覺起來，就像以陰莖挑逗對方全身似的。

如此一來，偶爾碰到火熱的槍頭（龜頭）時，會變得更加興奮。

玩的時候，當然不只是滑動而已。兩人全身緊貼在一起磨槍，也非常有快感。潤滑劑的滑溜感與充滿情色感的黏稠聲音，搭配陰莖的觸感特別能夠助興。

有時候甚至可以玩一下角色扮演。假裝成服務生與洗泡泡浴的客人，或是互相清洗陰莖，或是玩弄肛門……與平常不同的情境，正好適合稍微大膽的玩法呢。

磨槍是只有男性之間才有辦法進行的做愛方式。沒有體驗過的人，也許會意陰莖大小的問題。假如雙方尺寸差太多時，不需要勉強一起套弄，只要互相摩蹭龜頭的包皮繫帶即可。

有這麼美好的玩法，身為ＢＬ男子真是太幸福了！

illustration by 青井さび

能提升彼此情慾的69

攻和受都很舒服！

互舔對方的陰莖的玩法稱為69。因為做起來簡單又舒服，與磨槍都是廣受男同性戀者喜愛的性交方式。

因為是69的體位，所以能舔到的不只陰莖而已，還有陰囊與會陰等敏感的部位。69基本上可以分成上下與側躺兩種做法。假如力氣夠強，還能把對方抱起來69，但是這種情況相當少見。

69的時候，舔法和普通的口交沒有差別。首先是親吻馬眼，接著一邊舔龜頭，一邊套弄陰莖等等，以自己擅長的方式取悅對方。

69最棒的地方，就是兩人的雙腿都會大大地張開。平常基於人體結構，不容易被刺激到的會陰，在69的時候，由於兩人都是開放的姿勢，所以能簡單地愛撫到該處。

69時不但能愛撫龜頭、莖體、陰囊、會陰……甚至可以進攻肛門。例如一邊舔著陰囊，一邊以手指輕觸肛門，滴下許多唾液，舔舐肛門周圍。愛撫的時候，也可以使用潤滑劑。除此之外，還能不斷挑逗伴侶，直到對方求自己「快進來」為止。

能同時愛撫敏感部位並口交的69，可以同時刺激攻與受的性癖好。儘管快感連連，但還是拚命地忍住射精的衝動，努力服務對方的受；一邊以陰莖做深喉嚨，一邊把受的陰莖愛撫到快要爆發的攻……不覺得這些情境全都很美妙嗎？

愛撫到最後，以手指稍微進出肛門，讓對方懇求自己「快進來吧！」；或是在69的情況下提升到極點，互相射在對方口中，也全都很美妙。

69不但做起來很簡單，而且是能讓攻與受在愛撫對方的同時，還享受到快感的美好技巧。

illustration by 加賀城ヒロキ

不管什麼體位都能做的互打手槍

深奧的互打手槍的世界！

互打手槍的優點是「只要是手能到達的範圍，不管什麼體位或姿勢都能做」。例如兩人坐在沙發上看電視時，興致突然來臨，就能互相幫對方打手槍了。技巧的部分，基本上與第46頁介紹的差不多，但是兩人一起互相套弄，興奮度會更高。

套弄的頻率以彼此的呼吸為基準，假如雙方是互信度很高的伴侶，在興奮起來的時候，呼吸會本能地同步。相反地，假如喘氣的節奏無法配合，大腦會無意識地認為對方在性方面與自己不契合。

互打手槍的時候，有左右相鄰或面對面兩種模式。面對面的話，可以一邊凝視著對方，一邊套弄，快感更為強烈。這部分的優點與磨槍相同，但是互打手槍的自由度比磨槍高，也許可以說，互打手槍是自由版的磨槍。

此外，因為能穿著衣服做，所以不太需要挑地點也是一大優點。例如有人這麼說：

「在戶外的時候，可以在不脫衣服的情況下被人玩弄陰莖。例如在電車裡以公事包遮著，偷偷玩弄……冬天的話，雙方貼在一起，在大衣底下……玩起來比平常更興奮，都快上癮了呢。」（上班族．26歲）

像這樣，互打手槍是最適合在較為特殊的場所冒險時的玩法。

還有，雖然不是互打手槍，但是互相自慰給對方看，也是能引發視覺上的興奮的玩法。一般來說，自慰不是能在他人面前做的事，只要一想到「在喜歡的人面前自慰」，就會產生羞恥心讓人更加「性奮」。

不只如此，互相自慰的時候，明明對方就在伸手可及的距離，卻故意不去碰觸，這種微妙的距離感覺，也能讓雙方的情緒更激昂。

只是以手套弄而已……雖然打手槍很容易被小看，但打手槍不光只是套弄的技巧，還可以配合情境提升興奮度，其實是很深奧的玩法喔。

illustration by 加賀城ヒロキ

男性也喜歡接吻的！

讓接吻技巧進步的方法，唯有多練習！

AV業界有個說法「能稱霸接吻的人，就能稱霸性愛」。就如同這句話，「接吻」在性愛中是非常重要的步驟，這點就算在男×男的性愛時也是一樣的，BL男子同樣會藉著接吻來提高信任感。

雖然統稱為接吻，但其實有許多變化型（參考第62頁）。想以接吻來讓伴侶開心，其實不是件容易的事。

能讓接吻技巧進步的方法，除了練習還是練習。練習的方法很簡單，先是嘴唇輕觸，接著親吻額頭或耳朵等各個部位，最後才是深吻，請按照這樣的步驟加以練習。而當中最重要的是要把「正在接吻」的感覺植入伴侶心中。

接吻技巧中最困難的部分是深吻。深吻的時候舌頭該怎麼活動，就算是專家也都有不同的方法。特別是第一次做的時候，更容易引起混亂。

不過，深吻時最重要的不是步驟或技巧，而是配合對方的呼吸。仔細感受彼此的嘴唇與舌頭的動作，逐漸配合對方。聽說專業的AV男優會一直和女優接吻，直到咬合在一起為止。

所謂的「咬合在一起」很難說明，指的是預測彼此的動作，並讓雙方的呼吸同步。這個部分，除了多累積經驗之外，沒有其他方法。

順帶一提，據說在接吻時，大腦會檢測彼此的費洛蒙。方法是透過口腔黏膜，把名為睪固酮的激素傳遞到對方那兒。

也就是說，只要做得到咬合在一起的接吻，大腦就會把彼此認定為伴侶。

至於男人都會有的鬍鬚，雖然有些人不喜歡，不過既然是心愛的伴侶的鬍子就無所謂。但是，假如因為鬍渣刺人而使伴侶無法專心，或者因發癢而使伴侶產生不了快感，就該考慮剃乾淨。鬍鬚濃密的人就算早上剃過鬍鬚，在做愛前的沐浴時，最好要再剃過一次。

illustration by 青井さび

接吻的變化型

接吻的變化型，除了可大致分為輕吻與深吻兩種，還可以細分出以下的各種技巧。雖然有一些是沒聽過或沒做過的接吻方式，但是請一邊拿著本書，一邊與伴侶嘗試，增加接吻技巧的種類吧。

搖擺吻　◎熱情度：3

以自己的嘴唇輕輕含著對方的下唇，臉朝左右擺動的吻法。含住嘴唇的力道要輕，擺動的幅度也不必太大。看著對方的眼睛做，會更有效果。可以成為深吻的前奏。

捆綁吻　◎熱情度：3

搖擺吻的應用版。以自己的雙唇含住對方的下唇，對方的雙唇含住自己的上唇，雙方一起擺動臉部，並以舌間輕舔對方的嘴唇。重點是呼吸必須一致。

糖果吻　◎熱情度：4

把巧克力或糖果含在口中接吻。讓糖果在彼此口中來回移動，或是以雙方的嘴唇夾住糖果等等，以玩遊戲的感覺享受長時間的接吻。高等技巧。

野餐吻　◎熱情度：4

雙方張開嘴，伸出舌頭，以舌尖接吻的方法。有時舔舐對方舌尖，有時上下左右滑動舌頭。必須注意別讓舌頭變得太尖。

哺乳吻　◎熱情度：4

以舌頭接吻的方法之一。有如上唇膏似的，仔細地以舌尖滑過對方的嘴唇。吃過蛋糕或巧克力等甜食後做，感覺會更熱烈。

輕吻　◎熱情度：1

問候般的輕吻。可以親在額頭或臉頰上，在調情時很有效果。當身處街頭沒人看到的角落時偷親一下嘴唇，也能令人心跳加快。試著多多運用在日常生活之中吧！

鳥吻　◎熱情度：2

如同小鳥輕啄一般地反覆多次親吻，在歐美是用在表現喜悅的時候。假如伴侶對自己鳥吻的時候，要靜靜地等對方親完為止，才是有禮貌的對應法。

鼻吻　◎熱情度：2

使用鼻子接吻。彷彿愛撫彼此鼻子似地互蹭，或是輕觸鼻尖。要是臉油膩膩的話，會讓人不想這麼做，所以要先洗臉或洗澡後再進行喔。

按吻　◎熱情度：3

在閉著嘴唇的情況下，與對方嘴唇重疊，是最基本的接吻法。假如特地嘟起嘴巴接吻，會給人猴急的感覺，應該放鬆一點，以平常心進行。

滑吻　◎熱情度：3

嘴唇微張，彼此以上下互換唇部位置的方式接吻。伴侶收下巴的時候，就換自己抬高下巴，如此重複。重點是要以滑動上下唇的方式來交疊親吻，這是種連結不同接吻法的過渡技巧。

◎番外編：1 觸電吻

在容易發生靜電的情況下接吻，有時嘴唇會有觸電的感覺。有些人會對那種微麻的刺痛感上癮，但是必須注意別做過頭，使伴侶感到痛苦。

◎番外編：2 蝴蝶吻

以睫毛接吻。把眼睛湊到對方的臉頰或眼前，眨動眼睛，以睫毛搔癢。可以用在調情上，是一種變化球般的接吻。比較適合女性做的技巧。

◎番外編：1 計數吻

在歐美成為話題的接吻法。事先決定好接吻的次數，在約會中時不時地接吻，使感情升溫。常有超過決定好的次數的情況。

侵入吻 ◎熱情度：4

深吻的一種，在嘴唇重合的情況下，將舌頭伸入彼此的口中。對方的舌頭進來時，以自己的舌頭包住對方；對方的舌頭收回時，換自己的舌頭伸過去。必須注意節奏感。

探索吻 ◎熱情度：5

侵入吻的高段技巧。以舌尖沿著嘴唇內側或牙根滑動。雖然也能舔過上下排牙齒的所有牙根，但是太執拗的話，有時會令對方反感。

糯米紙吻 ◎熱情度：5

比侵入吻更用力包覆對方舌頭的接吻法。要訣是吸吮般地拉出對方的舌頭。但是太大力的話會發出奇怪的聲音，所以力道要適度。

雞尾酒吻 ◎熱情度：5

嘴巴以大大張開的狀態，或是輕咬彼此的舌頭，或是吸吮對方的嘴唇。只要記得是侵入吻的變化型，就能做得得心應手了。

十字吻 ◎熱情度：5

在張大嘴的情況下，讓彼此嘴唇貼合的深吻。同時使用糯米紙吻與探索吻的技巧，會更加熱情如火。可以說是以嘴做愛的重口味接吻方式。

蜘蛛人吻 ◎熱情度：2

讓對方平躺，或躺在自己腿上，雙方臉上下顛倒地接吻。與平時不同的接吻方法，在讓感情升溫時很有效。試著配合情境來實踐看看吧！

真的能只憑乳頭高潮嗎？

男女的乳頭沒有太大的差異！

BL作品中，經常可以看見攻舔受的乳頭，或是揉捏、玩弄乳頭的場面。不過，「男生的乳頭也有感覺嗎？」不知道大家有沒有這樣的疑問？乳頭是女性的性感帶之一，雖然這個事實廣為人知，但是很多人不相信男性的乳頭也能得到快感。

先說結論。男性也是能從乳頭得到快感的。應該說，在乳頭這點上男女沒有太大的差異。

女性的乳頭天生敏感。這是為了讓女性在「哺乳」的過程中感到喜悅的生物本能。因此，女性被吸吮或玩弄乳頭時，很容易產生快感。

至於男性，則沒有哺乳的機能。就生物來說，不需要乳頭也無所謂。但實際上，人類在胎兒時期，身體表面有許多乳頭（甚至連腳掌都長滿了），可是在正常的成長過程中，這些乳頭會逐漸退化，最後只剩胸前的一對乳頭。

男性的乳頭也是成長過程中留下的痕跡。雖然沒有哺乳的機能，但是敏感度與女性是差不多的，而最大的差異則在乳腺的發達度。也就是說，不論是男性或女性，對人類來說乳頭都是性感帶。

在這裡還有一個問題。「男人也能分泌乳汁嗎？」其實，只要知道男性的胸部也有乳腺，就醫學的角度來說，男性泌乳並不是稀奇的事。

話雖如此，但男性乳頭分泌的只是「乳汁」，而不是「母乳」。不是單純地刺激乳頭而分泌的液體，通常是因為荷爾蒙失調或吃藥而產生的副作用。所以當然，就算分泌乳汁，也不會像剛生完小孩的女性那樣，源源不絕地流出，頂多只會微微滲出而已。

BL作品中，有時會出現乳汁狂噴的畫面，就把那種情況當成是禁忌的愛情所引發的奇跡吧。

開發乳頭的敏感度！

第28頁有提過，近年來男性以乳頭自慰的方法逐漸受到重視，甚至還出現「專門服務男性乳頭的色情按摩

illustration by 茶渋たむ

店」。在男性之間，「乳頭高潮」已經不是都市傳說了。

但是，想靠乳頭得到高潮，需要相當程度的練習才行。除非徹底開發乳頭的敏感度，否則是無法像BL作品中那樣，乳頭顫抖不已達到高潮的。

本節將介紹提高乳頭敏感度的練習方法。基本上，有3個步驟。

①開發乳頭的第一步

對完全沒開發過乳頭的男性來說，刺激乳頭的時候，通常只會有「完全沒有快感」、「很痛」、「會癢」這類的反應。這是因為男性們不曾被玩弄過乳頭，也沒有愛撫自己乳頭的習慣的緣故。

想讓這樣的男性有感，就必須在性興奮時碰觸乳頭才行。例如在觀看A片陰莖完全勃起即將射精時，趁機愛撫他的乳頭。建議事先在手指上加點唾液或潤滑劑，會更有助於愛撫。

如此一來，乳頭也會和陰莖一樣挺立起來（勃起）。男性的乳頭敏感度低，在興奮度不高的時候難以勃起。與其說因為機能不如女性，還不如說是因為完全沒有碰觸，所以敏感度極度低落的緣故。

但是在做愛或高度性興奮的時候，乳頭會變得比平常容易勃起。趁著這個時機進行愛撫，大腦就會記住來自乳頭的快感了。

當然，最有效率的方法就是讓伴侶以舌頭愛撫。在打手槍時刺激乳頭的話，會比自己來的時候得到更多快感，更容易提升敏感度。

②開發乳頭的初期

當透過愛撫乳頭，得到某種程度的快感之後，接著就是做想像訓練。

在自慰的時候，許多男性都會看色情影片或漫畫等作為助興道具，這是從視覺得到刺激的方法。想像訓練則是在腦中形成「更具體的畫面」，喜歡BL、重視妄想的讀者們，應該能簡單地想像那是怎麼一回事才對。

具體的做法，就是以強烈的意識做「觸摸乳頭會很舒服」、「乳頭是性感帶」、「好像能靠著乳頭高潮」等等的想像。

這些想像，能對身體造成預期之外的影響。一邊強烈地想像自己的乳頭很敏感，一邊自慰或做愛時，甚至有可能在心情上或身體上出現女性化（胸部鼓起）的情況。

如果是BL男子，可以想像被喜歡的男性舔乳頭，或是妄想自己變成女性，被玩弄乳頭到高潮連連……以這些想像做自我開發。

③開發乳頭的中期

等身體變成愛撫乳頭時會覺得舒服的體質之後，就要開始「正式開發乳頭」了。

雖然細部操作因人而異，但是大方向的選項並不多。一個人開發時，是以手指為主，以潤滑劑或情趣用品為輔；有伴侶的話，則可以活用手指、舌頭與情趣用品，進行複合式開發。

想只靠乳頭得到高潮，就必須進行稍微強烈的刺激。就像做愛或自慰即將抵達高潮的時候，動作都相當激烈。想以乳頭高潮的話，也是如此。

首先，以食指與中指指腹畫圓似地愛撫乳頭。有時以似有若無的力量輕觸乳頭前端，有時用力壓按乳頭，以此得到快感。

接著逐漸提高愛撫的強度，可以利用潤滑劑或唾液來增加滑潤度。

以什麼方式愛撫才有快感，依人的喜好而異，所以必須不斷做錯誤嘗試才行。要訣是在不覺得痛或不舒服的部位緩緩增強力道，階段性地愛撫乳頭，使乳頭習慣愛撫，並藉此提高敏感度。

以這樣的方式持續加以愛撫，假如腦袋變得空白，有某種感覺從身體深處湧出的話，就有可能藉著乳頭高潮了。

第一次藉著乳頭感到高潮時，會有一種不可思議的感覺，但是習慣之後就能樂在其中。如果能在自慰或做愛時達到乳頭高潮，就能像女性一樣，長時間連續高潮了。對BL男子來說，是一定要開發的性感帶。

如此一來，男性的性感帶將不只有陰莖而已。性感帶越多，做愛時的玩法也越多，並且越容易高潮。

例如同時進攻乳頭和陰莖，受會變得更加興奮。如何刺激多個的性感帶，會左右做愛時的深度與廣度，是非常重要的部分。

乳頭開發得好，會成為不輸陰莖的「名器」。對BL男子來說，能不能從乳頭得到快感，會大大地影響將來性交時的滿足度。

COLUMN-2

色色的催情藥品

男性與男性做愛時使用的藥品，主要可以分為性功能障礙藥物與精力劑兩大類。

●性功能障礙藥物

威而鋼是治療男性勃起功能障礙相當知名的藥物。

雖然一般藥局都買得到威而鋼，但是基本上，必須有處方箋才能購買。威而鋼學名藥西地那非，價格比威而鋼便宜，所以也頗有人氣。

當威而鋼的效果不夠時，可以使用效果更強的樂威壯或犀利士。目前治療性功能障礙的藥物，就是這3種（還有威而鋼的學名藥西地那非）。

威而鋼在台灣單顆價格約在420～450元之間，樂威壯與犀利士單顆價格約在450元左右。雖然不便宜但是相當有效，所以在男同性戀者之間也經常使用。

●精力劑

自古以來，有許多號稱能增強精力的食材，例如：人蔘、瑪卡、鋅、瓜拿納、馴鹿角、海狗鞭或睪丸等等。

一般會將這些素材做成藥丸或飲料，在做愛前吃下助興。由於精力劑的種類眾多，效果也難以比較，只能一一嘗試，找出適合自己的種類。

持久劑的話，雖然也有口服的種類，不過一般是以直接塗或噴在陰莖上的類型為主流。

不論哪種，只要塗上去（或噴上去），陰莖就會發熱，變得較不敏感，據說能把勃起時間拉長30分鐘到1個小時，或者使陰莖尺寸增大。但這些藥品的效果也是因人而異，同樣只能一一嘗試，找出適合自己的種類。

第III章

BL男子的
實踐技巧 ~上級篇~

肛門為什麼有感覺呢？

必須立刻知道的肛門構造

自古以來，肛交就令許多男人著迷。

古希臘哲學家亞里斯多德曾說過「肛門是第2個性器官」。在日本，從奈良時代起，就出現疑似BL的紀錄。平安～鎌倉時代的武士與僧侶，更是公然享受與少年們肛交之樂。從很久以前起，男性們就熱愛肛交。這種歷史性的DNA，以BL的形式在世間擴散，真是令人感慨良多啊。

肛交究竟有什麼快感與魅力呢？

首先來談談攻插入肛門時的快感。其實陰莖插入肛門的感覺，與插入陰道沒有太大差別。不過論收縮力的話，肛門比陰道更強，所以據說只要插過肛門一次，就會迷上那種快感。特別是受射精的瞬間，肛門會強烈收縮，對攻的陰莖帶來的快感遠遠超乎想像，只要體驗過就會完全變成肛門的俘虜。

那麼，受方會有什麼樣的快感呢？

有過肛交經驗的人們表示肛交「很舒服」，也實際感受過肛門高潮，但是被陰莖插入的直腸，並不存在像陰道那樣可以感受到快感的神經末梢，因為腸壁連痛覺神經都沒有。也就是說，就算能感知到肛門被陰莖插入，也感受不到高潮才對。

再來，肛門部分很敏感，有名為肛門外括約肌的肌肉。這是肛門部分的兩種括約肌之一，雖然能隨自己的意志放鬆或收縮，但平常總是以強大的力量收緊，從外部強行撐開時會覺得很痛。意思就是，假如被陰莖那麼粗的物體插入，應該會非常痛才對。

順帶一提，成年男性在放鬆狀態時，可以張開的肛門最大直徑為3．5公分。直腸的深度為12．5公分。日本人的平均陰莖尺寸為龜頭直徑3．53公分、陰莖長度為13．56公分，是差不多可以勉強插入肛門的尺寸。

但是有過肛交經驗的人中，不少人都喜歡「長的陰莖」。對那些人來說，理想的陰莖長度是15～16公分，也就是說是會戳到直腸的最深處的長度。

為什麼會有這樣的矛盾呢？能解開這疑問的，就是乙狀結腸。

乙狀結腸是最美好的高潮點？

所謂的「乙狀結腸」是位在腹部（橫隔膜的下方）左側垂直約25公分的下方，連接大腸與直腸的部位。乙狀結腸位在骶骨附近，因呈乙字形而得名。

乙狀結腸是有如子宮頸口般的圓形入口。一般肛交時，陰莖出入的是直腸部分，但假如陰莖的長度夠長，就有可能頂到乙狀結腸的入口。連頂好幾次後，入口將會打開，使陰莖進入其中。據說頂到這部位的快感，足以讓人失去意識。

女性有名為子宮頸的器官，刺激這個部位時，能得到與陰蒂高潮完全不同的快感。也就是說，乙狀結腸與子宮頸是類似的存在。這麼說來，習慣肛交的人常用的「小屁穴（ケツマンコ）」，說不定是正確的說法呢。

但是只有夠長的陰莖，才能刺激到乙狀結腸，所以這不是任何人都能體驗的快感。

據說肛門邊緣的知覺神經及細胞組織與嘴唇相似，嘴唇是能在接吻中得到快感的敏感部位。也就是說刺激肛門邊緣的話，能得到與嘴唇差不多的快感。

儘管如此，這種程度的刺激還是不足以達到肛門高潮。如此一來，就必須朝生理學、心理學的方面解釋了。

肛門高潮是心理因素？

有聽過「古典制約」嗎？

這是名為伊萬．巴夫洛夫的俄國生理學家做的實驗。他在狗的臉頰裝上管子，能夠測量口水的分泌量。假如每次餵食前都會發出特定聲響，到最後就算只是發出聲響而已，狗還是會分泌大量的口水；這是非常有名的實驗。

從這個實驗可知，生物的條件反射能由後天控制。將這個理論套用在肛交上的話，被植入「肛門可以達到高潮」這種想法的男性，可能會條件反射地產生「肛交很舒服」的感想。雖然無法肯定這個說法正不正確，但是肛交確實能帶來快感，是不爭的事實。

巧妙地愛撫肛門的方法

藉著愛撫肛門提高期待感！

本節要介紹的，是肛交的實際做法。

首先是愛撫。在這之前有件事必須注意，不論肛門有多神祕，與女性的性器官有多相似，都仍然是排泄器官，所以在肛交之前，必須先清洗乾淨，才是應有的禮儀。像男女那樣趁著酒勢……的情況不是沒有，但是基本上BL男子（尤其是受）似乎都會在事前清洗肛門。可以的話，和伴侶一起進浴室洗澡也是一種樂趣呢。

不能小看洗澡的重要性。肛門遇冷或緊張時會用力收縮，洗過澡能讓身心放鬆，對於之後的做愛也會順利許多。再者，碰觸彼此的肛門不但能消除緊張，也能確認是否做好清潔工作，在做愛時感到安心。

清潔完畢之後，接下來是愛撫。基本上只要以手指輕觸肛門就行了。雖然乳頭偶爾還能粗魯地揉捏幾下，但是肛門比乳頭更纖細，所以不能那麼做。最好以唾液或潤滑劑為輔助，在不弄傷肛門的情況下輕柔地愛撫。

不過，最理想的是以嘴愛撫。上一節說過肛門邊緣與嘴唇相似，是容易感到快感的部位。以嘴愛撫的時候，可以像接吻那樣以各種技巧吊人胃口。

首先，以舌頭舔舐肛門周圍。一開始，像是在騷動焦急情緒般地，把氣息吹在肛門上會非常有效果。對方應該會因「等一下要被舔肛門了」，在羞恥與快感的夾縫間搖擺吧。假如對方的反應好，會忍不住想更激烈地刺激肛門，不過還是要壓抑情緒，緩緩地舔肛門周圍。

在充分舔舐之後，肛門也會稍微放鬆下來，這時候就是豎起舌尖鑽進肛門中的絕佳機會。

當舌尖鑽進肛門之後可以用力活動，舌頭能進入的部分，是有內外括約肌的肛管。鑽入時，對方會因快感襲身而忍不住縮緊肛門。一邊感受那份緊實感，一邊以舌頭繼續進出，讓對方聯想到等一下就要肛交了。

愛撫肛門的時候，記得不能愛撫到射精，而是提升伴侶對肛交的期待。話說回來，不論肛門有多神祕，都很難只靠舔肛門而高潮就是了。

在舔肛門的時候也可以同時打手槍。雖然也能只集中在肛門，但是如果能前後夾攻的話，可以為伴侶帶來更大的快感。愛撫時重點是使平常緊閉的、充滿神祕的肛門逐漸柔軟下來。

肛門擴張，靠手指就夠了！

在進行肛交之前，為了讓伴侶的肛門更放鬆，必須進行擴張。這裡所謂的肛門擴張，不是SM遊戲的那種重口味擴張，而是讓肛門放鬆，以便陰莖順利進入的前置作業。

以唾液或潤滑劑充分潤滑肛門之後，慢慢地把手指插入其中。假如對方是第一次，就從食指或小指開始插入。為了不使對方感到疼痛，最好先在手指沾滿潤滑劑再插入。

插入的時候不能直接戳到最裡面，在進入數公釐之後，肛門會反射性地縮緊，必須在這時停下來，等腸壁習慣手指不再縮得那麼緊之後，再慢慢地向前探入數公釐。

如此重複地深入，並依序換成更粗的手指進入後，肛門會逐漸習慣被粗大的物體侵入。等到不會感到疼痛之後，再改用食指和中指同時進入。假如肛門能順利地吞入兩根手指，就表示擴張得差不多了。

擴張的程度是陰莖能直接插入的程度。等擴張到這個程度的時候，可以繼續使用手指，進行前列腺按摩（參考第84頁），當然也可以直接提槍上陣。

接下來要提的是有點重口味的話題。該說世界很廣大嗎？歐美的男同性戀者或肛交愛好者中，有些人甚至會用瓶罐或球棒進行擴張。擴張過頭的話，會變成「Anal Rose」，也就是所謂的脫肛。

想擴張到這種程度，除非是做過相當的訓練，不然很難做到，而且還必須冒著危害健康的風險。

假如想更進一步體驗擴張之樂，可以買肛塞之類的情趣道具來享受。

不過，在進行非必要的肛門擴張之前，必須先瞭解專門知識，不能只是依樣畫葫蘆地仿效，兩人一起安全地享樂是最基本的守則。

肛交的奧義

肛門會濕嗎？

肛交時首先必須做的就是潤滑，基本上肛門是不會分泌「愛液」的。

根據肛交老手的說法，肛交時偶爾會流出黏滑的液體，但那是名為「大腸液」的黏液，是異物入侵肛門或直腸時，為了減少傷害而分泌的物質。

大腸液與小腸液相同都是鹼性，但是不像小腸液那樣含有消化酶，相對地，含有大量黏液。這些黏液能保護腸黏膜，讓消化過的食物在腸內順利移動。

根據某男同性戀者的說法，雖然大腸液可以代替潤滑劑，但是就人體構造來說，想那麼做是有難度的，因為大腸液的分泌與副交感神經有關。

人類的自律神經，有交感神經與副交感神經兩大類。兩者會靈敏地切換，適時分泌需要的荷爾蒙，以維持體內的平衡。一般來說，交感神經能使人處在興奮狀態，至於副交感神經則能使身體放鬆。

也就是說，由於肛交是一種興奮狀態，所以身體不一定能分泌大腸液。大腸液並非像女性的愛液那樣，因性興奮而分泌的體液。

因此在肛交進行中，潤滑劑是插入時不可或缺的必須品；或者是使用有潤滑劑的保險套也可以。但是潤滑劑可能在做到一半時乾掉，最好隨時把補充用的潤滑劑放在床邊，有備無患也比較安心。

假如潤滑劑用完了，可以拿太白粉作為替代品。以水將太白粉融化，加熱到和體溫差不多後就能使用了。又或者也可以用護手霜或沙拉油作為替代品。不適合作為潤滑劑的有洗髮精或潤絲精等等，雖然在BL作品中，臨時想做愛時，會使用洗髮精或潤絲精，但其實這些東西的刺激性都太強了，可能會讓受在事後肚子痛。關於潤滑劑，請參考第100頁的詳細說明。

由受做事前準備，能讓擴張變簡單！

擴張之後，肛門會在反覆抽插中變柔軟。幾乎所有人在一開始時都會覺得痛，但是習慣之後，就完全不會

illustration by 加賀城ヒロキ

痛了，可以開始享受肛交之樂。假如受能做好某種程度的事前準備，在插入前，甚至不需要特別擴張。

簡單的準備方法有下列幾種：

●膳食纖維

這裡指的是粉狀的膳食纖維。在約會的前一天服用的話，能夠協助淨空直腸，達到更乾淨的肛交。

但是假如肚子不舒服，就算淨空直腸，排泄物仍然會不斷出現。這時候該服用的不是膳食纖維，而是能讓排泄物變成為固體狀的止瀉藥，以調整體質。

●事前使用潤滑劑

在出門約會前先塗上潤滑劑，做愛時就能立刻插入了。就算潤滑劑在約會中乾掉也沒關係，只要加上唾液或少許水分，馬上就能恢復潤滑的狀態。不過潤滑劑接觸皮膚太久，可能會過敏發炎，這點必須多注意。

●浣腸

浣腸的方法，會在第90頁做詳細說明。也可以在約會前就事先浣腸。但是每天做的話，習慣浣腸後，不浣腸就會無法排便，要多加小心。

●肛塞

除了上述方法，也能事先利用肛塞之類的道具進行肛門擴張。擴張肛門並非攻的專屬任務，受主動積極擴張的話，更能享受肛交之樂。

男性能做到的體位有極限

做愛時，一定會使用到各種體位，ＢＬ男子做愛時也不例外。以男女體位來說，早就已經開發出所謂的「48手」各種體位了。

但是男性同性之間在做愛時，能舒服地做愛的體位相對有限。這是因為男性與女性的骨盆形狀不同的緣故。

骨盆這個部位呈缽狀，內有直腸、泌尿器官與生殖器官。

男性的骨盆窄而深，女性的骨盆寬而淺。從正面看，男性的骨盆呈心形，女性的骨盆則有如展翅的蝶形。

女性的骨盆之所以寬而淺，是為了懷孕與生產。骨盆的前方下部為恥骨弓，男性的恥骨弓角度約為70～75度，女性約為90～100度，這是為了方便生產的緣故。女性就算雙腿併攏，大腿根部仍然會出現空隙，就是這個原因。

此外，女性的髖關節偏向橫長，而且比男性突出；男性的恥骨弓角度小，也不突出，所以雙腿無法張得太開。

由於骨盆的先天構造不同，所以受很難像女性那樣做到各式各樣的體位。

男性同性之間做愛時，基本的體位有後背體位、騎乘體位、對面坐位、背面坐位等4種。其中，就肛門的位置而言，後背體位是受做愛時最輕鬆的姿勢。剛嘗試肛交的人，建議從後背體位開始。

令人在意的是「正常體位」。這是雙方面對面地做愛的體位，也是BL男子嚮往的體位之一。可以一邊抽插，一邊凝視對方，或接吻、或說纏綿的情話。雖然就男女而言，正常體位是極為普通的體位，但是兩個男人做愛時，難度就會升高許多。

男性同性想以正常體位做愛時，攻最好抱起受的腿，讓受的腰部稍微抬高，這樣會比較容易進入。

除此之外，還有受橫躺的側臥體位，也是男性同性容易插入的姿勢。

插入前，攻的龜頭抵在肛門上時，受最好做深呼吸。深深地吸一口氣，呼氣時，在肚子稍微用力。這樣一來，肛門將會稍微放鬆，方便龜頭進入，接著受再次吸氣，肛門因此縮緊，攻則配合這個時機，讓陰莖一起進入體內。

就算順利插入了，也不能馬上開始抽插。必須先緩緩移動，讓受習慣體內的陰莖才行。縮緊的肛門會稍微把陰莖向外推，但是可以趁著放鬆的瞬間，再次深深挺進。像這樣配合對方的呼吸律動，就能舒服地做愛了。

距離肛門口數公分深的部位，是男性的G點前列腺。抽插時刺激這裡，肛門就會收緊，將兩人拉進更深的愉悅之中。

各式各樣的體位

illustration by 叙火

●後背體位

男性之間性交時最輕鬆的體位。就算攻與受都是第一次，也能簡單地插入。由於很像動物交配的姿勢，所以能夠以本能抽動腰部做活塞運動。重點在於調整受的腰部高度。

●騎乘體位

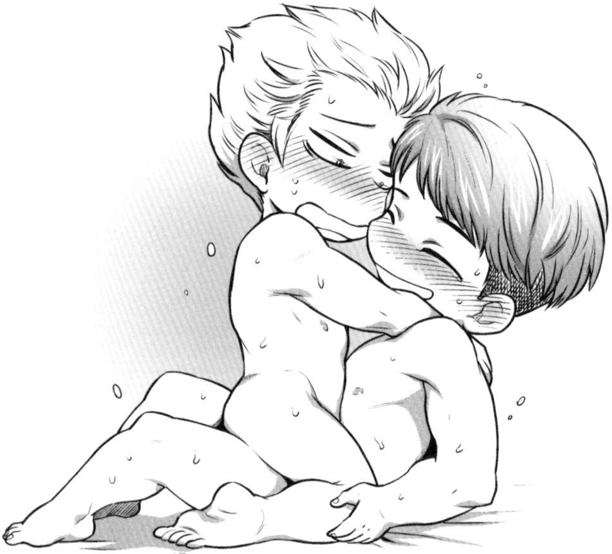

受跨坐在攻上方插入的體位。受可以上下律動或旋轉，在某種程度之內握有主導權。受上半身向後仰或向前弓時，攻可以同時玩弄受的乳頭與肛門。

●對面坐位

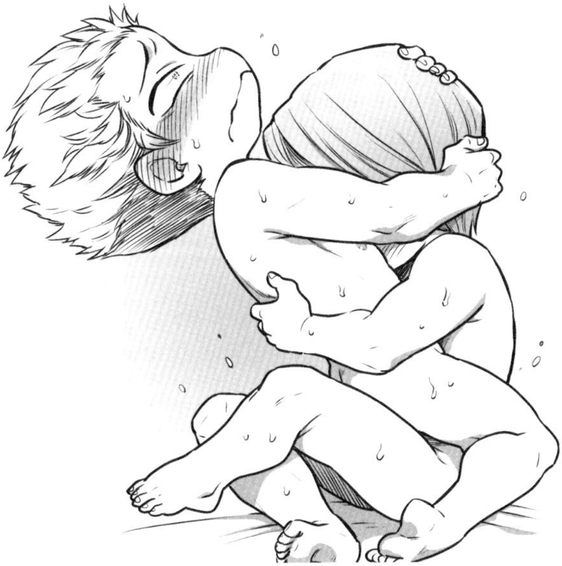

與對方面對面零距離插入的體位。可以互相愛撫對方的乳頭或頸部，所以受也能積極地表現愛意。缺點是不如男女使用這個體位時那麼容易插入。

●背面坐位

受背對攻坐在攻上方的體位。可以先從後背體位插入，再改變成這個體位。對初學者來說做起來並不困難。在鏡子前展現結合部位，能使雙方更興奮。

●正常體位

只有人類會使用，能夠加深愛情的體位。但是由兩個男人做起來，難度會變高許多。攻可以抱住受的腿，讓受稍微抬高腰部。因為有後背體位感受不到的緊密感，所以難度雖高仍然很受歡迎。

●69

不是插入的體位，但是能刺激彼此的陰莖或肛門。躺在下方的攻必須用到腹肌與頸部的力量，所以不適合長時間使用。側躺著69會比較輕鬆。

COLUMN－3

真實世界的互攻

BL作品中的互攻，指的是攻受不固定的CP。受與攻的性交角色交換時，雙方的表情與反應，是最吸引人的反差之處；而且角色進展到攻受互換為止的過程，也令人心跳不已。

那麼，真實世界中也有攻受互換的情況嗎？答案是「有的」。應該說，在男同性戀的世界中，幾乎所有人都是互攻。順帶一提，韓國似乎有「晝勝夜負」、「晝負夜勝」的說法，用來表示在情侶關係中，自己什麼時候掌握主導權。就算是直男，應該也有體會過這種情況吧。真實世界的男同性戀者，很少堅持非當0號或1號不可。會依當下的心情或對象，改變性交角色。

這樣聽起來，感覺似乎很放蕩，但男同性戀者談戀愛或做愛的機會原本就有限，所以容易被喜歡的人影響。之所以改變性交角色，也是為了取悅喜歡的對象。對男同性戀者來說，做愛是最能取悅對方的手段。例如男同性戀者與直男交往時，不會把直男當成「伴侶」介紹給其他人認識。正是因此，兩人獨處的做愛時間，才會變成最能展現愛情的時刻。不過，假如社會環境改變，這種情況說不定也會跟著改變吧。

男性之間的3P怎麼玩呢？

嫉妒或競爭意識是調味料！

3P是A片中很常見的題材。男性之間也能玩3P，可以兩人攻，一人受；也可以一人攻，兩人受。玩法眾多，在此稍微介紹一些3P的方法。

●豪華的愛撫

有兩個攻時，可以一個人接吻、玩弄乳頭與上半身；另一個人則玩弄陰莖、陰囊與下半身。對受而言是很豪華的玩法。一個攻時，也可以被兩個受一起服侍，同時刺激多個敏感部位。

●雙重口交

有施虐癖的攻，可以命令兩個受同時為自己口交。肛門、龜頭、莖體……廣範圍地刺激各個敏感部位，視覺效果也令人興奮，比普通的口交更有快感。

●輪流肛交

有兩個受時，可以讓兩人一起四肢跪地，攻則以雙手同時進攻受的肛門。這種時候，受為了想得到更多攻的愛，會對另一個受產生嫉妒心或競爭意識，使身體更加興奮，敏感度也自然增加，不斷索求攻的陰莖。這種陰莖爭奪戰，能大大地滿足攻的支配慾望。攻輪流插入兩名受的肛門，將他們頂到呻吟不已，是3P才有的樂趣。

●插入著被插入

一個人在插入的狀態下，被另一個人插入，形成三明治般的樣子。這也是只有3P才做得到的終極玩法。就像總攻同時侵犯兩個受似的，可以享受平時沒有的樂趣。

此外，挑戰亂交的話，可以輪流更換性交角色，三人一起享受當受與當攻的快感。

illustration by 波野ココロ

玩弄前立腺，達到終極的雌性高潮！

對前列腺按摩的基本認識

前列腺是男性特有的器官，大小約3公分，位在膀胱下方，包圍著從膀胱延伸出來的尿道。到目前為止，關於前列腺的功能，還有許多不清楚的部分，所以前列腺也被稱為「未知的器官」。在這裡稍微提一下沉重的話題，罹患前列腺癌的話，有時必須把前列腺整個拿掉。但是話說回來，與其他器官不同，就算拿掉前列腺，對生活似乎也沒有什麼影響。就這點而言，前列腺在人體中究竟有什麼功能？果然是未解之謎呢。

關於前列腺的功能，目前已知的是會分泌前列腺液。前列腺液占了精液的30％，其中含有許多檸檬酸。前列腺液與從精囊分泌的儲精囊液、從睪丸製作的精子混合在一起後成為精液。前列腺還會把精液送到尿道，以利射精。前列腺液中有一種名為精胺的物質，聞起來像栗子花的味道。人們說精液有一種獨特的氣味，就是來自於此。

該怎麼幫前列腺按摩呢？

首先，是確認前列腺的位置。將手指插入肛門後，輕柔地進行探索。前列腺位在距離肛門口4～5公分的位置，將中指插入到第二指節，以指腹按壓附近，假如某個部位特別光滑，就是前列腺了。但有些人的前列腺不容易找到，這時可以先讓陰莖勃起，使前列腺稍微膨脹，這樣一來會好找很多。

找到前列腺後，不能用力揉捏，突然那麼做的話會非常痛。必須先以指尖輕觸，試探對方反應才行。可以在手指碰觸前列腺的情況下，輕吻乳頭或陰莖，觀察對方有什麼反應。

等到可以插入兩根手指時，試著同時溫柔地愛撫前列腺與龜頭。許多人在這個階段就會高潮了，不需要像BL作品那樣，激烈地以手指抽插。

但不是每個人都能從前列腺按摩中得到快感。有些人會有種很不愉快的沉重感，對那樣的人來說，連被碰到前列腺都不願意，自然不想挑戰前列腺按摩。可是那樣一來，就無法前進到BL男子的最高境界——雌性高潮（メスイき：男性如女性般沒伴隨著射精卻高潮連連）了。

假如伴侶對前列腺按摩感到不安時，可以說些「但是很舒服吧？」、「碰到這裡時會變成女人喔？」之類刺激受的好奇心的話，來鼓勵對方嘗試。

除了手指，還有專門用來刺激前列腺的道具，就是以Enemagra或ANEROS為代表的前列腺按摩器。這些原本是為了前列腺肥大症患者而設計的產品，最適合用來按摩前列腺。

有這些道具的話，比起以手指在肛門內部摸索，可以更簡單地找出前列腺，進行前列腺按摩。而且插入之後，受可以自己縮緊、放鬆肛門來找出前列腺，以適合的力道自我刺激。

至於攻，可以一邊觀察因前列腺而得到快感的伴侶，揉捏或親吻乳頭，使伴侶更舒服。

除此之外，也可以在各自插入前列腺按摩器的情況下磨槍。雙方同時沉浸在前後兩方的快感之中。

什麼是不射精而高潮！？

習慣了前列腺按摩後，可以得到一種名為乾式高潮（前列腺高潮）的快感。

乾式高潮顧名思義，就是在不射精的情況下達到高潮的意思。

男性在做愛或自慰時，會以射精為高潮然後結束一切。至於女性，則能夠連續高潮好幾次。據說那種快感，比男性舒服數倍、數十倍，而且可以長時間處於高潮狀態。乾式高潮就是類似女性的高潮。

乾式高潮主要是以刺激前列腺達成。與第86頁介紹的「幹射」的不同之處是，不會有液體從陰莖流出。幹射時因為會流出液體，所以會有與射精同樣的疲倦感，或是所謂的賢者時間。

幹射時，雖然有人能在體內高潮好幾次，但是沒辦法激烈地連續高潮。

至於乾式高潮，因為不會流出液體，所以能「無止無盡」地不停地高潮。據說熟悉此道的人，每當高潮時還會想要得更多……就像做夢似的。那麼，究竟該怎麼做，才能達到乾式高潮的境界呢？

首先，攻方也必須體會過乾式高潮才行。唯有自己的肛門被開發過，才能知道刺激哪裡、該用多大的力道刺激，才會覺得舒服，或是做哪些事時會覺得痛，理解「被攻」的那方的想法。

體會乾式高潮時，先從肛門擴張開始練習。浴室是最適合練習擴張的場所。就像第72頁提到的，擴張時將手指一點一點地插入肛門。像使用日式廁所那樣身體前傾地蹲著，會更容易插入。接著，以剛才介紹過的前列腺按摩的要領，找出前列腺的位置，開始刺激前列腺。但是乾式高潮與摩擦陰莖就會反射動作般噴出的射精不同，不是一朝一夕就能達成，必須長期練習，在身心方面累積許多經驗才有可能做到。

前面提到乾式高潮與女性的高潮相似，但不是所有的女性，每次做愛時都能達到高潮。雖然說輕觸陰蒂時，就和摩擦陰莖一樣能帶來輕度的快感，可是達到真正高潮的女性其實是少數。更不用說高潮太多次，甚至失去意識的女性了，根本是稀有生物，而乾式高潮也一樣。

雖然目前還沒有研究出明確的乾式高潮的機制，不過推斷應該與交感神經有關。按摩集中了所有神經的會陰與前列腺這些部位，能使大腦切換開關，分泌所謂高潮荷爾蒙的多巴胺與β腦內啡，使人達到乾式高潮。可是這腦內開關並非一刺激就能立刻打開，必須在身心放鬆的狀態下長期開發前列腺，才能有機會得到這樣的快感。

因此，想達到乾式高潮，就必須天天鍛鍊身體才行。最有效的是鍛鍊名為ＰＣ肌的肌肉。ＰＣ肌又稱恥骨尾骨肌，與括約肌同樣是縮緊肛門時使用的內部肌肉。

鍛鍊ＰＣ肌能使肛門變得敏感，就算輕度擴張，肛門也不會因此變鬆。鍛鍊ＰＣ肌時，不需要做什麼困難的事，只要縮緊肛門５～10秒後放鬆，每天如此重複５次就行。就算在上班通勤或看電視時鍛鍊，也不會被任何人發現。鍛鍊ＰＣ肌，不只有機會達到乾式高潮，還能鍛鍊陰莖防止早洩，並消除隨著年紀變大而發生的漏尿或便祕的情況，在日常生活中有很多好處。

以這樣的方式不只鍛鍊陰莖，也同時鍛鍊整體生殖器官，是體驗乾式高潮時的要訣。

某種程度上理解乾式高潮後，也可以與伴侶一起開發。彼此確認開發的程度，有毅力地開發前列腺吧。

與女性的陰道高潮相同，只要曾經乾式高潮過，腦部就會記住這種高潮，從此就能簡單地切換，變成所謂容易高潮的體質。

假如能經常達到乾式高潮，甚至會變成光靠射精無法滿足的身體。

乾式高潮的快感，就是如此難以達成。

精液不停溢出的「幹射」

與乾式高潮並列為肛交中最舒服的就是「幹射」，在此說明幹射的做法。

幹射原本是男同性戀圈的用語。顧名思義，就是不

illustration by 青井さび

碰觸受的陰莖，只靠攻的陰莖插入，使受射精的技巧。

很多人以為肛交的快感來自前列腺，但其實不只如此。例如幹射就是刺激更深處的精囊而導致的。不過，前列腺與精囊都還有許多未解之謎，為什麼刺激這些部分會覺得舒服，甚至導致射精或高潮呢？就連專家們也眾說紛紜。

想體驗幹射的話就必須刺激精囊，但是人類的手指太短，無法觸摸到位在身體深處的精囊，所以必須藉著陰莖或假陽具、震動按摩棒來刺激或壓迫精囊才行。

想在肛交時幹射對方的話，就必須把陰莖插到底。但不是激烈的抽插，而是有如愛撫包圍陰莖的腸道全體似地緩緩抽動。除了前後抽動之外，朝左右方摩蹭也很有效果。以這種方式進行刺激的話，就算不特地觸摸，受的陰莖也會緩緩勃起。

假如不習慣幹射，有時會無法順利勃起。這時候可以先套弄受的陰莖，直到勃起為止。勃起後不再碰觸陰莖，只靠攻的陰莖同時刺激前列腺、精囊。這對受來說，是非常強烈的快感，而且快感還是從腰部深處湧上的，有種不可思議的舒服。

幹射的射精與直接刺激陰莖的普通射精不同，沒有「迸濺」的感覺，而是類似「漏出來」的感覺，原本該強勁爆發的精液，變成沒有力量地溢出。

還有，據說因幹射而流出來的精液中，幾乎沒有精子。

幹射比一般的射精舒服好幾倍，快感極為強烈，腰和腿都會發軟。但是幹射並非一插入就能達成，必須在經歷過無數次肛交後才會突然造訪。成功的話，「以陰莖讓伴侶射精」、「只靠伴侶的陰莖射精」，雙方都能沉浸在成就感中，身心將會極為滿足。

使快感倍增的寸止技巧！

最後要介紹的是，與前列腺按摩的目的完全相反的「寸止」技巧。把寸止與幹射結合在一起運用，將會更有快感。

「寸止め」在日文中是暫停的意思。也就是說，當陰莖興奮到即將爆發時，突然停止刺激，使對方無法成功射精，連續這麼做能增加快感。

例如花上許多時間，以手或口進行刺激，使陰莖勃起到脹痛的程度。陰囊向上升，精液已經抵達龜頭前方，隨時準備發射了……像這樣怒張的陰莖，在覺得「要射了……！」的瞬間，刺激戛然而止。

被這樣對待的受，身心都會大幅動搖。想射精的慾望是人類的本能，被刺激到發射的前一瞬，倏地停止刺激陰莖或前列腺，一般都是無法忍耐的。

如果只有一、兩次還能勉強撐過去，但假如寸止的次數繼續增加，腰部就會逐漸抬高，全身開始冒汗。再繼續下去，將會變得意識模糊，甚至流出淚水。想射卻不能射，簡直就如酷刑一般。

如此不斷重複，受會陷入難以忍耐的痛苦中，但是只要撐過去，高潮時的快感將會如同升天。

進行這種玩法時，攻必須一邊吊胃口一邊安撫受。「還不行喔，再忍耐一下下」聽到攻這麼說的話，受也會產生「再加油一下」的勇氣。

寸止的次數越多，龜頭將會變得越敏感，光是用手指輕戳就會受不了。這時可以改用吹氣之類不直接碰觸的方式給予刺激。

雖然依人而異，不過寸止次數超過五次後，有時只要稍微一刺激，有些人就會自動發射了。除此之外，似乎也有像幹射那樣流個不停的現象。

假如不允許這些情況發生，可以在快發射時用力握住陰囊，或是圈緊陰莖根部，強制中止射精。

看著受想射卻不能射、哭著求饒的樣子，會讓人忍不住湧起「想對他更壞」的慾念呢。

必須注意的是，玩過頭的話精液可能倒流進膀胱而導致生病。偶爾玩一下寸止是無所謂，但是每次做愛時都寸止數十次的話會很危險。此外，要是做過頭的話可能還會造成勃起功能障礙，所以請務必要小心才行。

清潔腸道時必做的浣腸的方法

與排泄有關的基礎知識

既然要使用肛門，就一定會在意排泄物。糞便中有70～80％是水分，其餘的成分是不溶性膳食纖維、腸道黏液、死亡的腸道菌群等等。除此之外，還有大腸菌等會引發傳染病的細菌。因此，在腸內有殘便的情況下肛交，有健康上的風險。

之前已經多少提過了，在肛交之前必須清潔腸道才行。

理想的做法是在肛交之前，把腸子裡的東西清空。雖然說能自然排出的話最理想，但畢竟排泄是生理現象，不是想做就能做到的事。

因此，需要以浣腸的方式進行清潔。

雖然統稱為浣腸，不過有甘油浣腸以及溫水浣腸兩類。本節要介紹的，是一般男同性戀者使用的「溫水浣腸」。

以溫水安全地清潔腸道

聽到浣腸時大家會想到什麼呢？大多數人應該都會想到藥局賣的甘油球吧。但是在肛交時，不需要特地使用有甘油等成分的浣腸劑。而且話說回來，有甘油成分的浣腸劑是解便祕用的藥品，如果甘油沒有完全排出，少部分留在腸內的話，仍然會刺激排便。就算以為已經清潔乾淨了，說不定在肛交時，又會突然出現便意。如果狀況差可能還會為了排泄而無法做愛，這樣就太掃興了。

因此，肛交前清潔腸道時，通常會使用大約100cc、37～40度左右與人類體溫差不多的溫水來浣腸。浣腸時，不需要使用A片中常見的那些誇張浣腸道具，只要把市面販賣的甘油球中的浣腸液倒掉，清洗乾淨後裝入溫水即可。

為什麼非用溫水浣腸不可呢？因為這樣才能在不刺激腸壁的情況下，放心地清潔腸道。假如使用的是冷水，腸內的毛細血管會收縮，血壓會一下子飆升，內臟被急速冷卻，導致身體不舒服，甚至有可能因此拉肚

illustration by 茶渋たむ

子。至於使用太燙的熱水，則有燙傷腸道黏膜的危險。

重複灌腸3～4次，等到從肛門排出的液體變得透明，就表示清潔乾淨了。

除此之外，也有把蓮蓬頭的頭部拆下，直接將水管插入肛門（或是抵在肛門口），把溫水灌入的方法。可是這麼做的話，水壓可能會使肚子不舒服，或是不小心沖太用力在腸壁開洞。除此之外，一旦習慣水壓之後，還有可能造成無法自然排便的狀況，這點也要小心。

畢竟是要利用肛門來進行性行為，所以在清潔腸道時，要以慰勞的心情進行。順帶一提，使用啤酒或酒類浣腸的話，酒精會直接被黏膜吸收，可能造成急性酒精中毒，所以絕對不能那麼做。

雖然浣腸的目的是清潔腸道，但也不能做過頭。有些浣腸狂熱者會以名為灌腸器的道具，進行真正的高壓式浣腸。雖說以接近人體溫度的溫水進行就不會有危險，但卻有可能會不小心灌入太多的水量。

灌腸的水量大約在500cc到1公升左右，就算覺得「可以灌更多」，也不該繼續灌入，以免對腸子造成壓力，無法享受之後的性愛之樂。除此之外，有些人會覺得將糞便與茶色的液體噴出很好玩而一直做，雖然說腸內的髒汙或細菌會被排出，但是維持體內環境平衡的腸道菌叢也會被一併排出，可能導致日後生病，所以也要小心別做過頭。

浣腸時的注意事項

實際進行浣腸時，要注意哪些事呢？

浣腸時，理想的身體姿勢是朝左或右方側躺，這樣對身體的負擔較小。但如果「想以浣腸的方式羞辱人／被羞辱」，也可以手腳跪地、翹高臀部進行，如此一來，情緒能高昂許多。以市販的甘油球裝溫水的話，1顆甘油球最多可以裝入30～40cc的水，也就是說要灌入2～3次（約100cc）的水才能排泄1次。灌腸時，可以一邊計算次數，一邊對受說「已經灌入這麼多了喔」之類的話，享受浣腸之樂。假如覺得灌入好幾次很麻煩，也可以用市販的球型肛門注射器或灌腸器，快速結束清潔工作。

灌入溫水之後，必須等待一會兒再將水排出。腸子需要一些時間，才能對灌入的溫水產生反應。就算覺得「馬上就會出來！」而立刻排泄，也只會流出溫水而已。必須忍耐到肚子自然地咕嚕咕嚕響為止，才能將溫水排出。

在等了一會兒之後，如果還是沒有便意的話，就重新灌入溫水。如果這時候排出的只有透明的水，就表示腸內已經沒有糞便了，等溫水完全排出後，就可以開始做愛。

排泄可以當面進行，也可以獨自在廁所進行。就算有受虐癖的人，假如不習慣這種玩法，還是會覺得在他人面前排泄很羞恥，羞恥心勝過便意的話，肛門就無法放鬆，反而無法順利清空腸道。如果沒有特別的要求，還是單獨在廁所解放，以清爽的心情享受肛交吧。

高段位的人使用！各種浣腸道具

想正式享受浣腸PLAY的人，最好購買專門的浣腸道具。依用途與個人喜好，有許多種類可以選擇，而且能在網路上簡單地網購。關於浣腸道具有下列幾種。

●玻璃浣腸器

這是從以前開始就常可以在情色漫畫或A片中看到的大型針筒般的浣腸器。有些容量可達1公升，但通常是100～200cc左右。使用時很有SM的感覺，可以帶來視覺上的興奮效果。但是和其他種類的灌腸器相比，用法不方便而且容易破裂，所以用起來要很小心。

●灌腸器

像打點滴那樣的把溫水吊掛在高處，利用橡膠管以壓力把溫水灌入腸內的道具。稍微不注意可能就會灌入必要以上的水量，但因為是柔軟的塑膠製品，所以比玻璃浣腸器容易使用也比較方便，適合中級者使用。

●手壓橡皮管式洗鼻器

細長的橡皮管中間有個如氣球般膨脹的部位，握住這個地方就能把溫水灌入腸內。這種道具容易控制水量，使用起來也很簡單。先將橡皮管的一端插進肛門，另一端插在裝水的容器裡（洗臉盆或水桶等等），接著只要握住中間的膨脹部位就可以，就算是初學者也能輕鬆地浣腸。

浣腸不只是為了肛交而做的排泄行為，也能作為情趣遊戲的一環進行。使用正式的浣腸道具，說不定能發現新的快樂喔!?

以捆綁PLAY讓受開心！

有點變態的陰莖捆綁

分辨BL男子的攻受的方法之一，就是S（施虐）與M（被虐）的概念。一般來說，攻是S、受是M，這種認知與現實之間的落差其實不大，果然受都稍微帶有被虐的傾向。

因此，BL作品中的受幾乎都有受虐癖的傾向，越是重口味的作品，為了強調角色特色，越是有可能被施以SM中的虐待玩法。

SM的代表性玩法就是捆綁，捆綁可說是SM的基本。近年來也有蒙眼或戴手銬等簡易的做法。嚴格來說，捆綁必須使用繩子才算數，但是就「剝奪自由」的廣義定義而言，蒙眼或戴手銬也能算一種捆綁方式吧。

繩子的綁法就算寫成一整本書也不夠解釋，光是打結方法就有無數的種類，而且依部位的不同，捆綁時的重點與訣竅也都不一樣。

因此，本節只將焦點放在捆綁陰莖上。

雖然綁繩的種類沒有限制，但是喜歡綁得很緊的話，最好使用較細的繩子；以初學者來說，則是使用較粗的繩子比較好。綁繩可以在網路上的整人道具專賣店，或是鬧區的情趣用品店買到。

先從最簡單的綁法開始。首先在冠狀溝的部分打結，接著把繩子一圈一圈地纏繞在陰莖上，最後在根部打結固定就行了。

這種綁法不需要技術，任誰都能做到，但是只要一活動，纏繞的部分就會鬆掉，而且看起來也不美觀。

在這裡推薦一種綁法給想追求美觀的人，不過形容方式有點奇妙就是了，就是燉煮日式叉燒肉之類時綁肉捲的綁法。

首先，以綁繩在冠狀溝周圍繞一圈，打結後將綁繩向下放，隔一定距離繞一圈，讓線頭穿過綁繩底部，如此重複纏繞，直到陰莖的根部打結固定。

這種綁法可以給人「捆綁」的感覺，而且勃起之後綁繩會陷進肉裡。陰莖越是膨脹，就越有被緊縛的感覺。

這種陰莖綁法的其中一種變化玩法是射精管理，進行的時候除了陰莖的部分，陰囊也要一起捆綁，讓綁繩發揮如貞操帶般的功能。捆綁時要先確認睪丸的位置，然後將綁繩纏在上面。

睪丸和陰莖不同是相當敏感的，要是綁得太緊造成壓迫的話，很快就會開始不舒服，無法繼續玩SM遊戲。所以在捆綁的時候，要注意不能綁得太用力。

雖然剛開始捆綁時確實不容易綁好，但只要多練習幾次就能漸漸熟練，等到得心應手之後，請試著做些個人變化，挑戰難度更高的綁法。

繩索捆綁是一項困難的技術，假如手不巧的話，不需要勉強使用捆繩，可以使用市販的陰莖環（參考第103頁）或皮帶式束縛帶來進行遊戲。

重要的是受與攻之間的信任！

透過這種捆綁遊戲，不但能提升攻受雙方彼此的信任感，也可以理解伴侶的性癖好為何。老實說SM原本就是基於S（施虐狂）與M（受虐狂）之間的深厚信任，才能成立的遊戲。S不能單方面地使M感到疼痛，而是幫助M完成想要的虐待之樂。因此，在遊戲中S對M的關懷是非常重要的。

這種S與M的關係，也可以直接置換成攻與受的關係。

就像前面提到的，受就如字面意義一樣是「接受／被插入」的一方，所以必然有喜歡被虐的傾向。現實生活的男同性戀者中，0號（＝受）也都偏向喜好強大的男性。這代表的是M或受都致力追求更加理想的性愛，換句話說就是他們對性愛非常貪心。

總的來說，假如攻想進行更優質的遊戲，就必須理解受想要的玩法才行。

被虐傾向強的受，平時大多喜歡妄想各式各樣的受虐情境。為了讓這樣的受感到滿足，偶爾進行捆綁這類有點變態的玩法，應該是不錯的選擇。

就這層意義來說，捆綁陰莖不但有SM的感覺，而且還能直接刺激敏感的部位，就技術而言難度也不高。雖然有些人會覺得這個選項很令人意外，不過確實是能輕鬆享受捆綁之樂的玩法。

強迫穿女裝，提高受的興奮度！

讓受穿小一號的內褲，做羞恥PLAY！

強迫受穿女裝以此羞辱受，讓受產生平常沒有的羞恥感，是只有男性才能覺得有趣的玩法。

與男同性戀者一樣，BL男子的受也會對穿女裝一事感到可恥。比起偽娘，BL男子的性癖好更接近男同性戀者，就算是受也不會有「想變成女人」的念頭。

故意命令那樣的受穿女裝，把對方當成「女人」對待，能使受在心理上產生動搖。有被虐傾向的受，會因羞恥感而變得更加興奮。

玩這種羞恥PLAY時，只需要準備包含內褲在內的成套女裝就行了。假髮可有可無。如果無法買到成套的服裝，只準備女性內褲也可以。

讓受全裸，只穿小一號的女性內褲，陰莖與陰囊當然會變得很醒目。光是這樣，就足以讓受的羞恥感提升到最高點。假如攻在這時候說一些羞辱的話，受會因羞恥與興奮而心跳加快，陰莖變得更加挺立，流著考珀液從內褲上方探出頭來……光是穿著女性內褲，就能做到最高級的羞恥PLAY。

想更加煽動羞恥心的話，還可以強迫對方化妝，或是穿著女裝到附近的便利商店買東西，只穿著一條內褲自慰等等，利用各種情境使對方感到羞恥。

對受來說，羞恥感也是性愛中最棒的調味料。心臟因羞恥而劇烈狂跳，大腦也會把這心跳誤以為是性興奮。

因為穿著女裝、身分變成「女性」，所以必須以女性口吻說話，也可以做這樣的要求。除此之外，攻也可以穿上女裝，做更另類的玩法。光是換服裝就能造成心理方面的刺激，看到對方新的一面。

本節是以大多數人都會覺得可恥的女裝為例，不過，只要能激發對方的羞恥心，不管強迫穿的是什麼樣的服裝都沒有關係。

illustration by 波野ココロ

在戶外露出，做高M度的PLAY！

刺激羞恥心，門檻最高的羞恥PLAY

想冒著可能被人看見的風險，在戶外偷偷做丟臉的事……只要做過一次這種戶外露出就會上癮。有男同性戀者（0號）說：「沒有比半夜在公園做愛更刺激的事了。」

不過，做這種事果然很丟臉，而且還有相當的風險，所以一開始只要稍微露出一點點就好。例如在普通的服裝下穿著女性內褲在外頭走動，雖然沒有真的露出，但是心情上還是很緊張刺激。第一次做的時候需要鼓起勇氣，但是只要試過一次，就會覺得意外地簡單。而且和在室內做愛時不同，受會因為心跳加速，興奮度也跟著提高。配合前面提到的捆綁陰莖或強迫穿女裝一起進行，也是戶外露出的精華。「現在有什麼感覺？」、「要是被旁邊的人發現怎麼辦？」攻還可以說這類的話刺激受，肯定能讓受變得更興奮。

被命令露出的受，雖然沒有實質全裸，但是在心情上就和全裸差不多。可能被誰看到的風險，會讓他們非常想躲起來吧！雖然也依個人性癖好而異，但是對有些人來說，應該會比強迫穿女裝更激發他們的羞恥心。

假如穿的是超貼身的衣物，或是迷你裙等露出度高的女裝會覺得更羞恥。

穿著質料超薄、服貼身體曲線的緊身衣，很有可能被其他人發現陰莖正興奮地勃起，就算沒真的露出也可以一覽無遺。

如果想嘗試真正的戶外露出，可以讓伴侶在長大衣下只穿著內褲在外頭走動。習慣之後，在熱鬧的商店街的死角，或是購物中心的廁所，「要是被誰看到，就糟了喔……」一邊這麼說，一邊玩弄受的乳頭或龜頭。或者在溫泉旅行時，趁著客人不多，在大浴池裡玩弄陰莖或肛門。假如興奮起來，也許會越來越激烈……。

但是請記得，這些地方終究是公共場所。要是玩過頭的話，很有可能會觸犯公然猥褻罪。

illustration by 加賀城ヒロキ

使用各種道具！

男性與男性做愛時，會需要使用到各種道具來加以輔助，其中不可或缺的就是潤滑劑與保險套。男女之間做愛的時候，不一定會用到潤滑劑，但是因為肛門無法分泌愛液，所以BL性愛的時候就一定要準備潤滑用品。

男女做愛的時候，保險套是被當作避孕道具來使用的；而在男男做愛的情況下，戴保險套不但有助於順利地插入，而且還可以預防性病。

除了這兩種道具之外，本節還會介紹各種能夠提高興奮度，使性交更歡愉的BL性愛用道具。

接下來將開始說明能讓BL性愛更精彩的道具。

該使用哪種潤滑劑？

潤滑劑是肛交時不可或缺的道具。雖然統稱為潤滑劑，但是依用途的不同也有各式各樣的種類，挑選的時候也要注意產品特性才行。

首先，一定要確認的是潤滑劑的成分。潤滑劑的主要成分有「聚丙烯酸鈉」、「甘油」、「羥乙基纖維素」、「油」、「矽靈」等等。

當中用起來最容易插入的是油性潤滑劑，在日本市面上也被稱做是「Love oil」。因為成分是油的關係，所以在肛交的時候不容易乾掉。要是潤滑劑在肛交的時候變乾的話，摩擦時會變得很痛，難以順利抽插，而且可能使黏膜受傷，所以不容易乾的油性潤滑劑較適合肛交。此外，油性潤滑液對肌膚來說比較溫和不刺激，適合容易對其他成分過敏的人使用。

但是需要注意的是，油能分解乳膠成分，所以不能和乳膠製的保險套一起使用，否則會破壞保險套。

就不容易乾的特性來說，矽性潤滑劑也很適合肛交使用。用量不需要太多，而且也不會太黏，能讓陰莖自然地插入。

最不適合肛交使用的是聚丙烯酸鈉成分的潤滑劑，這類潤滑劑很滑溜，能讓雙方身體緊密貼合，適合玩泡泡浴或在墊子上磨槍時使用。但是其中的水分容易被肌膚吸收、乾得很快，在抽插的時候會越來越「卡」，所以不適合用於肛交。

至於甘油成分的潤滑劑，雖然適合男女性交時使用，但是甘油進入直腸，可能會刺激腸子蠕動，導致肚子不舒服，因此不適合肛交使用。

日本同志圈最愛用的是名為「愛の潤滑液 LOVE OIL」的產品。這商品已經是35年以上的老品牌了，是男同性戀者愛用的產品，使用感受等都非常受好評。假如不知該怎麼挑選潤滑劑，買這個就對了。

挑選保險套時的重點

保險套在便利商店或自動販賣機都買得到，雖然非常容易取得，但是不論材質、厚度或價格都是五花八門，讓很多人不知道該如何選擇。

雖然保險套原本是用來避孕的用品，但是男性和男性做愛的時候戴套，一來可以預防性病，二來可以避免內射（體內射精）。

BL作品中，有時會看到被內射的受肚子痛的場面，實際上這是真的有可能發生的事，當精液射在直腸裡確實有可能導致肚子痛。

其中一個原因是精液中名為前列腺素的物質，這種物質能讓子宮肌肉收縮，幫助精子游向輸卵管。要是肌肉收縮的機制作用在直腸的話，就會引起腹痛。

人體的許多組織與器官中，都存在著前列腺素，假如女性分泌太多前列腺素，就有可能引發生理痛或經期的腹瀉。內射在直腸所引起的肚子痛，也是差不多的感覺，也就是說雖然身為男性也可以體會到生理痛的滋味；女性一定很懂那種痛苦吧！

因此，就算男人不會懷孕，還是應該使用保險套來避免內射。

話說回來，該如何選擇保險套呢？

依陰莖大小選擇符合尺寸的保險套是最基本的守則，假如保險套不符合陰莖的尺寸，在抽插的時候就可能會滑脫，或是破在直腸之中。

挑選尺寸的時候，必須看「闊度（圓周）」，長度的話大部分保險套都夠長。要盡可能挑闊度誤差在1mm之內的尺寸，這樣不會太緊也不怕滑脫。

至於厚度的部分則與性交的時間有關，越厚的越不敏感，越薄的越有感覺。因此，早洩的人選0．1mm，遲洩的人選0．01mm的保險套，也許就能在理想的時間射精。

此外，過敏的人要避免使用乳膠製保險套，使用聚氨酯或聚異戊二烯製的保險套，就算長時間使用也不容易引發過敏。

男男性交的時候也可以多加使用潤滑凝膠，其中還有不會發涼的溫感凝膠，插入時的感覺會更自然。可以的話最好事先做功課，打開商品網站的介紹頁研究有哪些種類的保險套。

有點特殊的情趣用品

接下來要介紹的是，能在性愛遊戲中派上用場的情趣用品。

這些情趣用品在開發的時候都設想過各種使用的情境，只要沒弄錯使用的方法，應該都能擺脫一成不變的做愛方式。

●飛機杯

飛機杯是因為A片的自慰表演而廣為人知的道具，一般來說是在自慰的時候使用，近年來知名廠商也加入開發，使飛機杯的功能變得更多樣化，使用方法也因此變得更為豐富。

飛機杯的優點是能做到以手套弄陰莖時無法做到的感覺。BL男子可以活用這個優點，在和伴侶互打手槍或是69的時候使用。

喜歡調情的情侶檔，也可以面對面地坐著，單手拿著飛機杯自慰給對方看。

最近似乎還流行把矽膠製的飛機杯前端切開，一邊插入自慰，一邊讓伴侶舔舐從前端露出的龜頭的玩法。

除了普通款式的飛機杯之外，還有真空吸引或電動版等等，可以一邊在腦中做各種色情的妄想一邊使用。

雖然飛機杯的價格高低不一，但是使用時不會弄髒手，而且又滑溜又舒服。加以活用的話，可以享受進化型的「打手槍」之樂。

●男性用貞操帶

一般來說，貞操帶是裝在女性身上「防止不貞」的道具，但其實也有男性用的種類。

最近似乎很流行藉著戴貞操帶，以「射精管理」來展現對於伴侶的愛情與忠誠。

所謂的「射精管理」是指，除了絕對禁止的與其他人做愛之外，就連自慰也不行，只有伴侶允許時才能射精。

男性用貞操帶大多為矽膠或不鏽鋼製，有些能露出龜頭，有些只在龜頭部分開個小洞。除此之外還有在莖體部分開洞，保持透氣的種類等等……種類眾多。

其中還有附帶肛塞的類型，不只不能射精，甚至不能以肛門自慰，顧慮非常周全（？）。

值得注意的是陰莖部分的形狀。幾乎所有射精管理用的貞操帶，都像水龍頭一樣下垂，別說射精了，連勃起都無法做到。

能以鑰匙打開貞操帶的，只有心愛的伴侶而已。

除非是見到伴侶不然都不允許勃起，這種「被支配」的快感能使人興奮。不只做愛時，連日常生活都被支配的快感，只有受才能享受。

喜歡普通性交的人可能難以理解這種想法吧！不過實際試過的話，說不定會意外地興奮喔。

●陰莖環

陰莖環俗稱屌環，英文名稱是Cock ring。原本是為了防止早洩套在陰莖根部，阻止勃起後的陰莖血液回流的道具。但是在同志俱樂部中戴著陰莖環，等於表現「今晚的幹勁」。由於能減慢血液回流，所以能使性能力衰退的中年陰莖持久，或是加大陰莖尺寸。

在同志俱樂部的活動中，甚至有「陰莖環之夜」這種淫靡的活動。

陰莖環也能作為射精管理的道具使用，可以像前面提到的捆綁陰莖那樣，強制戴在陰莖上不讓伴侶簡單地射精。

除了防止早洩，有些陰莖環上有凹凸的設計，戴著陰莖環插入伴侶肛門時，能得到與普通插入不同的快感。

不過是個小圈圈……但是功能眾多。假如有射精速度太快的煩惱，可以嘗試看看喔。

肛門用道具也如此豐富！

市面上有許多能增加肛交之樂的道具，有清洗用、擴張用、刺激用等等，用途繁多。

●AV棒（電動按摩棒）

經常可以在A片中看到的圓頭型按摩棒，是刺激用道具的代表。原本是為了消除肩頸痠痛而開發的，所以震動力非常強。

一般的用法是把開關打開後，抵在會陰或陰莖上進行刺激，最近的震動種類多變，還有肛門專用的產品。

如果是已經開發&擴張過的肛門，還可以直接把圓頭的部分插入肛門之中，做更劇烈的刺激。

直擊尾椎的震動……有沒有產生一點好奇心呢？

●後庭棒

擴張肛門時使用的棒狀道具。剛開始的時候，先以較細的棒子插入，等習慣之後逐漸增加數量，接著再換成較粗的棒子，如此循序漸進。可以在不對身體造成負擔的情況下擴張肛門。

●肛門拉珠

兼具擴張與刺激功能的後庭棒，有矽膠或塑膠製的種類，外形看來像一連串的串珠，光是造型就很有情色感，從肛門抽出來的時候，可以體會到假陽具或震動棒感受不到的特殊感覺。

●肛塞

與後庭棒一樣，是擴張肛門用的道具。

有矽膠或金屬等各種材質，尺寸從直徑3公分的小塞子到十幾公分的龐然大物，應有盡有。造型也變化多端，有的看來像首飾，有的具有SM風格。可以在日常生活中插著，等習慣之後逐漸換較粗的種類，自然地擴張肛門。

●變形肛塞

肛塞的變化型。

其中一種的肛塞本身有洞穴，可以在插入肛門之後，窺見直腸刺激受的羞恥心；也可以把浣腸道具或跳蛋從洞口放入其中。

除此之外，還有做成貓尾、兔尾、狗尾等獸尾造型的尾巴肛塞。搭配貓耳、兔耳等等，可以玩寵物PLAY。

●假陽具

模仿陰莖造型的後庭棒。材質眾多，有柔軟的矽膠製或醫療用的塑膠製、玻璃製等等。可在開發肛門或自慰時使用。尺寸也非常多，從新手用的細長型到高段者用的巨根，應有盡有。

除此之外，還有雙頭龍可以同時插入雙方的肛門，彼此進攻對方。

●後庭震動按摩棒

開發、調教肛門時使用的刺激用道具。與假陽具同樣，配合使用需求有各種粗細。

造型基本上與陰莖相似，但也許為了有效率地震動，最近也出現了各種奇妙造型的產品。

可以在插入肛門的時候打開開關，刺激前列腺與精囊，以產生強烈的快感，是能在快感中開發肛門的必須品。

●前列腺按摩器（Enemagra等等）

如字面意義，是為了按摩前列腺而開發的道具。但造型不像AV棒，而是有如小型肛塞一般底部有彎勾，造型奇特的道具（參考附圖）。

把前列腺按摩器插入肛門後，像是讓屁股變小、變窄一般地縮緊、放鬆肛門，就能力道適中地刺激前列腺，達到前列腺高潮。

材質有便宜的塑膠製，與高級的醫療用的矽膠製產品，也有附加震動功能的種類等等。

情趣用品的開發日新月異。可見日本真的是色情大國呢！除了本節介紹的道具外，還有許多驚人又有趣的產品，可以在網路上搜尋，想像BL男子使用時的模樣。

BL性愛的流程！

到此為止，本書已經介紹了各式各樣的BL性愛技巧。不論有經驗的人，或者沒有經驗的人，應該都能在腦中模擬各種做愛流程了吧。做為複習，在這裡再次回顧最基本的流程。

首先，在準備階段入浴。這時非做不可的就是清潔腸道，可以在廁所清潔，或是兩個人一邊調情，一邊進行能刺激羞恥心的浣腸PLAY。在洗過澡身心都放鬆之後，肛門也變得容易擴張，這時可以接吻或打手槍以提升情緒。

等氣氛高昂起來之後，就差不多該要移動到臥室了。這時候必須先準備好潤滑劑與保險套，以便插入時迅速戴上。

上床後，有人會直接進行活塞運動，但本書建議從接吻開始，緩緩提升情慾。接吻越來越激烈，變成深吻後，兩人的陰莖應該都鼓脹起來了。這時是玩弄乳頭的最好時機，明明陰莖已經膨脹了，卻只顧著玩弄乳頭，非常具有「吊胃口」的效果。

接著開始愛撫下半身，或是打手槍、口交、按摩前列腺，將「吊胃口」發揮到極限。玩弄受的龜頭或莖體，等陰莖完全勃起後，改成69讓受也幫攻做口交。

和男女性交時不同的地方是，就算受射精了也無所謂。雖然有些人在射精後會進入賢者時間，但是習慣BL性愛的人，比起射精會更重視肛門的快感。所以就算已經射精過了，也願意讓攻插入。

要等攻完全勃起、在做插入的動作之前，才戴上保險套、抹上潤滑劑。因為受已經等不及要被進入了，所以必須盡快做好準備的工作。將潤滑劑倒到受的肛門，快速戴好保險套之後，就可以準備插入了。

配合適當的時機插入後，可以自由地抽插。要是能夠隨心所欲地做到「幹射」或「雌性高潮」的話，就絕對是「BL性愛高手」的等級。

第Ⅳ章

BL男子找同伴的場所與真實生態

找同伴的場所①　各種活動

女性與直男也都能參加！

真實的BL男子，是怎麼找同伴或對象的呢？

代表性的方法之一，就是參加各種活動。以東京都（特別是新宿）為中心，經常舉辦女裝或變性人、男同性戀者的活動。也許有人會覺得難以接近，但那些活動意外地很開放，就算直男也可以輕鬆參加。

最近大型活動也變多了，不分男女，關心LGBTQI的人們會集合起來一起狂歡。

除此之外，網路上有許多網站或社團，會熱心提供各種與LGBTQI有關的活動資訊。

只要定期確認那些網站，就能得到活動資訊。除此之外，那些網站還會寫活動回報、放上照片，可以讓人明白參加活動的是哪些種類的男性，活動的感覺如何。

假如想參加刺激度較高的活動，可以選擇所謂「脫衣系」的活動。

例如規定下半身只能穿著居家睡褲參加的聚會，當然底下是不能穿內褲的。大家可以隔著一片薄布，欣賞微微突起的陰莖，有時候說不定還能摸一下……!?

這類脫衣系活動的門檻較高，但是基本上都是熱熱鬧鬧地喝酒為目的，而且男同性戀者與變性人對直男都很友善，說不定會一試成主顧，喜歡上那樣的世界喔。不過，像這類的活動有時會禁止穿女裝，要注意參加規則。

除了這類活動之外，也有專門舉辦來讓真心找伴侶的男性們互相認識的活動。

是揪人一起狂歡的活動呢？或是找床伴的活動？每個活動的性質都不一樣，但是不論如何都是為了讓大家樂在其中而舉辦的，所以在參加時，必須維護會場的良好氣氛，身為參加者必須注意禮貌。假如能從一開始就事先做好功課，瞭解想參加的活動，應該就能透過這些活動體會到新的世界。

illustration by 青井さび

找同伴的場所② Gay Bar

平時認識同伴的場所！

BL男子在日常生活中認識同伴的其中一個場所就是Gay Bar。

十幾年前，Gay Bar的店員與客人全是男同性戀者，但是如今門檻變低很多，就連直男與女性也能稀鬆平常地進入。雖然一開始會緊張，覺得「是不是來錯地方了……」，不過請放心，店員通常會友善地歡迎新面孔的。儘管如此，Gay Bar仍然是男同性戀者或偽娘們認識同伴的場所。

酒保或老闆也一樣，假如有新來的男性客人坐在櫃檯，老闆會一邊聊天一邊若無其事地問：「是0號呢？還是1號？或是直男呢？」說不定是在試探這位新客人，能不能作為自己的戀愛對象。

除此之外，問這樣的問題，也容易和第一次造訪的客人打開話題。不論客人是男同性戀者或直男，都可進一步地聊同志話題。假如問出對方是明知這是Gay Bar還特地進來的客人，就能猜到對方只是「想見識一下Gay Bar的世界」而已。不過，就算知道對方只是看熱鬧的，老闆與酒保還是會在某種程度上親切地對待客人。

假如直男回答「雖然我沒有經驗，但是有點興趣」，場面當然就會變得很熱烈。連老闆或酒保都會一起出動，一起調戲直男客人。

如此這般地到Gay Bar作客的時候，最好交由老闆或酒保維持氣氛。等去過兩三次、認識的人增加之後，就能拓展交友關係。

不過，最好避免聊到宗教、政治、思想主義方面的話題，不論哪種性質的Gay Bar，聊到這些議題時，都很容易發生爭執。

此外，也有討厭閒雜人等進入看熱鬧，純讓男同性戀者找同伴的Gay Bar。假如直男進入這種Gay Bar，說不定會被冷淡對待。不過這類Gay Bar通常會貼上「謝絕生客」之類的公告，最好別把自己當成觀光客，隨便走入其中。

illustration by 叙火

找同伴的場所③ 交友軟體、社群網路

這個年頭，交友軟體是必備工具！

BL男子當中也有個性內向、不喜歡參加活動或不喜歡去Gay Bar的類型。最適合這類BL男子找同伴的，就是社群網路或交友軟體。目前有許多男同性戀者專用的app，利用這些工具找同伴的人也越來越多。

這類的app基本上都有聊天的功能，可以藉著互傳訊息，在見面之前就瞭解對方的性癖好。

雖然交友app最早是從歐美發展起來的，但如果是第一次使用的話，比較推薦已經中文化的app。因為外國的app介面通常是英文，對第一次接觸的人來說，門檻相對較高。

以某個已經中文化日本app來說，還包含了讓登錄的角色升級的遊戲要素，使用起來很有趣，而且和男女用的交友軟體不同，費用相當便宜。男女用的app有時月費就要1萬日幣，但是男同性戀用的app，通常只要幾百日圓就可以了。對一直以來，只能在夜晚到鬧區找同伴的男同性戀者來說，認識同伴變得很方便。

除此之外，也有在推特或LINE開男同性戀者專用的帳號，認識同伴的方法。雖然和app比起來，要多花上一些時間才能找到同伴，不過因為能找到興趣相近的同伴，所以對年輕一代而言，有些人會以社群網路為優先。

不過，與在社群網路認識的人實際見面時，說不定會覺得失望。因為以交友app來說，大多都必須上傳本人照片才行，但是在社群網路中則可以隱藏真實面貌。

當然，失望的理由不一定是外表，也有不少人是因為個性或感覺不對而失望的。

基於這樣的原因，對BL男子或男同性戀者來說，普遍都認為「交友app會比較安全」。

只有一點必須注意，就是在交友app登錄的通常是肌肉猛男。身材偏瘦、重視戀愛的BL男子，說不定得花上不少時間，才能找到中意的對象。

illustration by 夏目かつら

找同伴的場所④ 發展場

男同性戀者專用的綠洲

在BL作品中，偶爾會出現「發展場」這個詞。大家知道這是什麼意思嗎？

這原本是男同志們的圈內用語，「發展」指的是做愛，至於發展場的由來則是眾說紛紜。過去，日本曾經有過對男同性戀者很不友善的時代，由於能找同伴的場所相當有限，因此會在深夜的公園等場所找人做愛。

即使在找同伴的場所增加的現代，在東京、大阪、名古屋等大都市中，還是有專門的發展場，最具代表性的是新宿的某三溫暖中心。假如在不知情的情況下踏入其中，應該會被許多男性投以品評的眼神，而且說不定會撞見正在嘿咻的男性們。

發展場不只三溫暖而已，Gay Bar、電影院、公園都是發展場，其中也有付費才能進入的發展場，和十幾年前相比場所豐富了許多。

不同的發展場，聚集的男性類型（熊男、肌肉猛男、傑尼斯系等等）也不相同。但是這類資訊只能在男同性戀者口耳相傳，或是從男同性戀者的部落格中得知。

原則上，發展場是以性交為目的的場所，所以禁止外人看熱鬧。對女性來說，應該是一輩子都進不去的場所吧。

發展場也有不成文的規矩。雖然室內型發展場會設置休息用的床鋪，但是不能在那兒睡覺。因為不能霸占做愛用的空間，造成其他人的困擾，必須讓更多人享受性愛才行。

也因為這樣的原因，所以大聲喧譁的人會被集體無視。聊天的時候，音量也必須比平時低沉輕微，以免干擾到其他人。

除此之外，保險套、潤滑劑、浣腸等用品都必須自備，畢竟表面上是普通的三溫暖，所以店裡不會準備性交用品。

發展場是在獨特的社會環境中發展出來的，是男同性戀者的專用綠洲。雖然說近年來因為網路交友的盛行，所以這類場所已經逐漸減少，但即便是這樣它們還是確實存在著的。

illustration by 叙火

COLUMN-4

男性與女性對BL的看法

在男性之間擴散的BL文化 腐男是男同性戀者嗎？

女性是BL作品的主要讀者群。雖然不太喜歡被這麼說，不過喜歡看BL作品的女性，通常被稱為「腐女」。

但是日本近年來除了女性之外，喜歡BL的男性也有增加的趨勢。和腐女做對比，這些男性被稱為「腐男」或「BL男子」（※本書中的BL男子指的是美形的男同性戀者），他們似乎都無比熱愛BL作品。

在製作方面，除了女性的作家之外，也漸漸開始出現男性作家，他們以寫實的描寫得到不少人氣。可以說BL已經是超越男女隔閡，被全民喜愛的文化了。

不過，也因為這樣的原因，所以產生了「腐男是男同性戀者嗎？」的疑問，要是以結論來說的話，答案是「NO」。雖然男同性戀者中也有人愛看BL作品的人，但是大多數的腐男幾乎都是直男。他們通常是把BL當成娛樂作品之一在欣賞。

根據週刊POST SEVEN的報導，男性喜歡BL的原因，主要有5個：

①本來就喜歡看少女漫畫，大量閱讀少女漫畫，最後也開始看起BL作品。

②家人或社團中有人推薦，於是喜歡上BL。

③在同人誌販售會（同人展）買二創同人誌，迷上後開始看起商業BL。

④不小心把商業出版的同人誌合輯當成原作買來看，因此迷上BL。

⑤喜歡正太或偽娘。在尋找有可愛男角的作品時，也看起BL作品。

由上數原因可知，腐男通常都很熟悉宅文化。這些男性大多不對真實的BL性愛抱有憧憬，而是喜歡作品中的內心描寫。就這部分來說，與女性讀者似乎沒什麼差別。

男同性戀與腐女悲傷的鬥爭歷史

因此，能冷靜看待BL文化的是男同性戀者，要認真說的話，男同性戀者和腐女原本就是水火不容的關係。

有本名為《薔薇族》的雜誌，對日本的男同性戀來說，是宛如聖經的存在。《薔薇族》從1971年創刊起，就一直是為男同性戀者傳遞情報的雜誌，在日本的男同性戀者中，恐怕沒有人不知道這本雜誌的存在吧。

過去，在如此知名的《薔薇族》雜誌上，曾經發生男同性戀者與腐女的爭論。那是1980年代初的事，有女性讀者投書說：「薔薇族的模特兒都是醜男，感覺很噁心。」

當時還沒有「腐女」這個名詞，但是已經有許多對男×男的戀愛很感興趣的女性了。那些女性對男×男戀愛多半抱著「同性戀是純粹的崇高的愛情，與異性戀完全不同」的幻想。

當時的男同性戀者對於這則投書感到非常憤怒，這也是當然的，因為對男同性戀者來說，那是他們的真實生活，絕對不是只想看著美男子發花痴而已。也就是說，雙方的認知有極大的鴻溝。

近年來，雖然BL作品仍然以美少年或美男子為主角，但是對男同性戀者的理解有長足的進步，雙方之間的鴻溝縮小了許多。

不過一直到現在都還是會有基於興趣，而向同性戀者提出「你是怎麼做愛的？」這種問題的腐女存在。這些人要是被說成沒常識，也是剛好而已。設身處地地想想，要是女性被問這種問題的話，會不會覺得是性騷擾呢？

雖然能理解腐女想瞭解男同性戀者如何做愛的好奇心，但是這種問題，仍然是絕對不能問的喔。

男同志的實際戀愛狀況是？

在BL作品中，總是可以看到火熱的戀愛或是揪心的苦戀。但實際上，男同性戀者們談的是什麼樣的戀愛呢？

根據本研究會向男同性戀者與偽娘等各種屬性（這種說法只是一種表現方式）的男性們進行採訪，並加以驗證後，所得出的結論是「男同性戀者之間的戀愛是很困難的」。

由於本書的重點是BL男子，因此主要是根據男同性戀者的說法進行分析。在青春期時，男同性戀者們大多會對自己的性取向感到煩惱，而且還沒有確立自己的性身分，所以有和偽娘相似的傾向。

大部分的男同性戀者一直到高中為止，都無法明確瞭解自己的性取向。只是模糊地覺得自己不喜歡女生，或是對男性懷有心動的感覺。

除此之外，在青春期時出櫃的例子非常罕見。說起來，青春期的少男少女，不只性身分，各方面的自我全都需要確立，因此很多人甚至沒發現自己是性少數者。到頭來，對於青春時代的戀愛回憶，幾乎都是「雖然有喜歡的男生，但是沒有勇氣告白，就結束了」。

因此，性少數者的初戀大多又甜又苦，幾乎都是以悲戀收場。話是這麼說，但也有順利交往的人，甚至有像BL作品那樣的火熱戀愛。學校的體育倉庫、無人的公園……第一次性經驗的場所，通常也比男女情侶更極端。之所以會如此，全是因為他們無法對身邊的人公開戀情，很容易成為「祕密之戀」的緣故。

男同性戀者的複雜戀愛觀

即使在長大成人之後，男同性戀者談戀愛的難度還是沒有改變。因為能找對象的場所很有限，而其中還有一個很大的原因是「不想被公司同事或朋友看見」。同性情侶不但無法公開交往，就連認識同伴的機會也不多。

假如喜歡上的對象是直男，甚至連告白也無法做到。

因為找對象的難度如此之高，所以要是男同性戀者想談戀愛的話，就必須具備某種程度的積極性。比方說，加入交友app經常表現自我，或是乾脆在Gay Bar工作。總之，自己不主動的話就無法得到愛情。男同性戀者之所以會給人談吐風趣，個性活潑外向的印象，也許就是為了談戀愛而積極地磨練社交技能的結果吧！

但是實際上，不管男同性戀者多麼外向開放，他們通常都不是充滿自信的人。特別是0號，有許多人「對自己的外表沒信心」。

儘管聊天時不會特別覺得，不過男同性戀者們都抱有各式各樣的自卑感，和戀愛中的女性沒有什麼差別。例如胸部小並對此感到自卑的女性，會穿著比較寬鬆的服裝。在男同性戀者當中，也有許多人因為不喜歡自己的身材而為此感到煩惱。

因此，即使是乍看之下活潑開朗的男同性戀者，也很容易陷入精神不穩定的狀態。根據同志專用的入口網站「アンロミー！」的調查，針對「想要戀人的原因」這個問題，有超過8成的人的回答是「希望能保持精神的安定」。

有趣的是在同一個調查中，針對「交往時絕對不能不妥協的條件」這個問題，回答「身體的契合度」的只有8%；而針對「有男朋友的話，還會和其他人做愛嗎？」這個問題，回答「沒穿幫的話，就彼此默認」的人數，以44%的比例成為第一名。

順帶一提，本研究會採訪的對象中，有人是和男朋友同居，但偶爾還是會去發展場，或是和在交友軟體認識的男性做愛，甚至到Gay Bar搭訕男人，屬於性情非常奔放的人。雖然不是所有人都到那種程度，但是大部分的男同性戀者對於性的需求都是很誠實的。

儘管如此，男同性戀者在回答交往的條件時，卻特別不重視「身體的契合度」，感覺起來很矛盾。以下是本研究會的一己之見，在男同性戀者的戀愛中，性愛可能不是那麼重要的部分。比起滿足肉體的需要，他們在戀愛中所追求的，說不定是精神上的互助關係。

只要能在精神上得到滿足，性方面的不滿足是可以找其他人填補的……也許是這樣的想法吧！無論如何，不能單純地把出軌當成罪大惡極的事，或許也可以說，正因為雙方在精神上深度結合，所以才能允許出軌吧。

因為找對象的場所有限，容易成為祕密之戀，所以男同性戀者的戀愛觀，有自己獨特的合理性與美學。

想瞭解男校的日常！

所謂的「男校」是什麼樣的學校？

說到BL作品中特別有人氣的故事背景，果然就是男校呢！也就是所謂DK（男高中生）樂園；因此，讓我們一同來瞭解男校的真相吧！

日本的高中幾乎都是男女同校。2018年，全日本總共約有4900所高中，其中女校有299所，男校只有107所，占全體的不到2％。

近年來，日本一直朝著男女同校的方向走，統合廢校的結果，有不少原本是男校的學校變為男女同校。對喜歡BL的我們來說，是很令人傷心的情況。順帶一提，與日本的傾向相反，歐美外國反而重視男女分校，而且男女分校生的學力也比起男女同校高。

話說回來，如此珍貴的男校，學生們都過著什麼樣的日常生活呢？

雖然統稱為男校，但不表示每間學校的風氣都相同。與義務教育不同，高中或大學的校風會隨該校的教育方針而異。例如筆者就讀的高中是以「自主自律」為賣點，可以染髮也可以穿便服上學（當然也有制服）。但是同學區內的其他學校，則全都不是這樣的教育方針。在校風方面，讀者們應該都很有感才對。

男校當然也是如此。不過仍然可以大致分成「運動型校風」與「文藝型校風」兩大類（偏差值高低也有所影響）。雖然男女同校也能如此分類，不過在男校，這兩種校風的差距特別大。

運動型校風的學校特別重視體能。以游泳課為例，假如是男女同校的話，很容易就會變成自由活動時間；但是在運動型校風的男校，會整節課都在50公尺的游泳池內不停游泳；其他的體育課當然也同樣嚴格。因此學生畢業時，每個人都會多多少少變成肌肉男。

至於文藝型校風的男校，大多是以升學為主的學校，很多學校的偏差值都在60以上。當然體育課不會太認真上，學生都只顧著念書，因此身體也都軟趴趴的，而且有不少宅男。

最後是兩邊都不算的中間型男校。雖然不算運動型，但是體育課仍然會比一般學校嚴格。

illustration by 茶渋たむ

雖然男校能根據偏差值與校風，大致分成3類，不過從男校畢業生的說法聽來，可以規納出3個共通點：

①霸凌事件不多

②學生大多老實又單純

③很重視朋友

這樣看來，念男校似乎能培養出優良的人格。當然，這些話是畢業生說的，所以有故意不講母校壞話的可能，但是能被這麼多畢業生舉出這些共通點，還是很有趣的事。

2018年東京都舉辦的「男校展（男子校フェスタ）」中，在學中的DK們徹底討論了男校的魅力。以下是他們舉出的魅力之處。

．可以熱衷做喜歡的事，大部分的興趣都能被接受。

．把對女孩子的注意力轉放在朋友身上，能交到一生一世的摯友。

．在運動會之類的活動中，能純粹地想獲勝，大家為這個目標團結一致。

．能輕鬆地說出真心話。什麼話都能說，什麼事都能做，老師也能夠理解學生的想法。

．小學時隱藏的本性，念了男校後，能在日常生活中坦率地展現出來，並磨練自己。

．不會有耍帥給女生看的念頭。能在社團活動中全力以赴，享受以男人的友情獲勝的滋味。

．可以照著自己的速度自由成長，不需要急躁。

（引用自網站《eduNavi》）

「男校展」這幾個字，光是聽起來就很有吸引力。當然這是很正經的招生活動，各校校長也會輪流上臺介紹男校的優點。從學生與校方的說法可以明白，男校這種環境能為人類的成長帶來不少正面的影響。歐美之所以推廣男女分校，應該也是確實地分析過這些正面性的影響後，才得出這樣的結論吧。

對GAY、BL愛好者和學生來說都是天國

既然已經談過男校的基本校風了，那麼接著就來談談大家關心的「男校真的有BL嗎？」這個問題吧。由於沒有相關的研究或統計資料，所以只能透過畢業生的說法來推測。

根據不少部落格與網站的說法，以及實際訪問過畢業生的結果，本研究會的結論是「男校確實有BL」。順帶一提，網路上甚至有「男校每班至少有1、2個同

性戀者」的說法。

關於這說法，從男校出身的受訪者抱著懷疑的態度，「不到每班都有啦，整個年級大概有５人左右吧」。接受訪問的男校畢業生就讀的學校，全年級大約有１０００人，所以大約是２００人裡有１人是同性戀者吧。

令人在意的部分是，為什麼知道對方是男同性戀者呢？關於這點，有些人是心照不宣地不特意說開，有些人是光明正大地交往給其他人知道。每個人的情況都不一樣。

值得令人玩味的是，即使是和同性交往，在男校中也不會被霸凌或排擠。男校的學生對ＬＧＢＴＱ的理解與接受度似乎是比較高的。

不只如此，男校對男同性戀者或喜歡ＢＬ的女性來說，也是非常美妙的環境。例如夏天的時候，學生們會只穿著一條褲子上課。只要有人一脫，「我也要！」就會出現連鎖反應，最後一整班的人都只穿著褲子。喜歡ＢＬ的人看到了，應該會噴鼻血吧！雖然氣味可能會不太好聞就是了。

學生之所以能如此自由，是基於老師的寬容。男校的女老師不多，就教育委員會（負責管理地方學校的機關）來說，派年輕女老師到男校教書，可能引發各種問題，所以不會那麼做。

因此，男校的學生與老師幾乎都是男性，連帶感很強。雖然過去曾有體罰學生的事，但是現在的校風似乎都是和樂融融。

正因為校風自由，所以否定或歧視男同性戀者的人反而是少數派，甚至有可能因此被當成取笑的對象。

為什麼能有這種自由的風氣呢？最根本的原因，應該是因為沒有女生，所以沒有「想受女生歡迎」的競爭心態吧？有女生在的話，男生一定會搶著表現給女生看，也會產生「異性戀才是正常」的偏見，並把這種偏見當成常識。而不屬於常識的性少數者，就會失去容身之處。

無論如何，不管是對ＢＬ愛好者或男同性戀者，乃至於最重要的男學生來說，男校都是天堂。

COLUMN-5

世界的男色文化

神話世界中的奇妙男色關係

世界最古老的男色紀錄，可以追溯到西元前３５００年的古代美索不達米亞文明。據說那個時代的人們，可以不分男色或女色地相愛。

美索不達米亞文明中，最有名的是《吉爾伽美什史詩》的吉爾伽美什與恩奇都的故事。半人半神的暴君吉爾伽美什，和為了對抗他從黏土中出生的恩奇都，在大戰一場後惺惺相惜，不但成為好友，最後還成為獨一無二的至交。

雖然史詩中沒有具體的性方面的描寫，但是有不少學者認為，這兩人應該有同性之間的愛情。可以說是５５００年前的ＢＬ。

在其他文明中，也有像這樣在神話中暗示同性關係的例子。以埃及文明為例，埃及諸神中的「天空與太陽之神荷魯斯」與「沙漠與外陸之神賽特」，就有一段ＢＬ的情節。

這兩位神祇既是死對頭也有肉體關係。賽特想讓荷魯斯懷孕，但懷孕的反而是賽特，所謂的「讓對方懷孕」意味著支配對方。

在這個故事裡，已經有了攻與受的概念。根據傳說，可以推測荷魯斯是攻、賽特是受。

傳說中還提及了荷魯斯與賽特的股交。可以推測當時男人與男人之間，已經會例用各種技巧享受性愛了。

被軍人們疼愛對男色開竅的美少年

上古的歐洲，男色曾經是「男人的優雅興趣」並廣為社會所接受。

最有代表性的是古希臘文明。希臘神話中的眾神在性方面都很開放，主神宙斯不分男女老少，只要看上的對象全都會出手；英雄海克力斯也有不少男性情人。要說是民情被神話所影響，或者是民情影響了神話都好，總之，古希臘時代男女之間的性交是被視為「使青年軟弱」的行為。

以「柏拉圖式愛情」聞名的柏拉圖，或是因「畢達哥拉斯定理」而知名的畢達哥拉斯，這些古希臘的名人都建議大家遠離女色、接近男色。古希臘的城邦底比斯，曾經有一支全由同性情侶（1名成年男性與1名青少年）組成的精銳部隊「底比斯聖隊」。他們認為在戰場上士兵為了保護心愛的人，將會發揮更大的力量。至於人類歷史上最強的部隊之一斯巴達，也會讓12歲的少年跟著年輕的成年男性，形成制度化的情侶關係。由成年的情人教導少年性知識。

被古代羅馬人玩弄的去勢的奴隸少年

在上古的歐洲，男色曾經有過崇高的地位，但是隨著時代與地點的變化，也漸漸有了改變。後來稱霸歐洲的古羅馬帝國，男性追求的是使他人服從，支配他人的強大力量。這觀念在性方面也是相同的，羅馬人不只把女性，也把男性視為被自己支配的性對象。

因此，羅馬人會在奴隸市場購買美少年，強迫他們成為性奴。而且那些美少年奴隸，會事先被奴隸商人去勢。

去勢的方法有好幾種，最有名的是「Castrati（完全割除陰莖與睪丸）」與「Spadones（只切除睪丸，留下陰莖）」。由於後者還保留著陰莖，因此有可能成為貴族婦女用的男妓；至於前者，因為連陰莖都沒了，所以完全是男性貴族的玩物。依時代不同，男色有時候會陷入很殘忍的情況中。

流傳至今的某個部族的吞精儀式

COLUMN-5

世界很廣大，有許多現代無法想像的男色行為。其實，直到現代也還有把男色作為儀式的部族，就是巴布亞紐幾內亞的薩比亞族（Sambia Tribe）。他們認為男孩子在成長過程中，必須攝取精液才能得到力量成為獨當一面的大人。

薩比亞族的男孩長到7歲大時，會被從母親身邊強制帶離，與其他男孩一起在村子裡的會所過著與女性隔絕的生活，而且會開始天天吞精。少年們必須含住成年男性的陰莖，吞下成年男性的精液才行。

薩比亞族認為女性是汙穢的，喝過母乳的男孩會被汙染，必須以各種方法除去那些汙穢，才能成長為健康的男性。

其中一個方法，就是吞下象徵男性的精液。

薩比亞族認為人體無法自己製造精液，必須從少年時期開始，從成年男性那兒攝取精液，才能成長為真正的男人並獲得生殖能力。

結果就是直到15歲為止的數年之間，男孩們必須天天為成年男性口交、接受精液。

本單元介紹的只是世界男色文化中的一小部分。但可以確定的是，從古到今世界上存在著各式各樣的男色文化。就連沒有被現代文明入侵的原始部族，也有男色文化存在，可見男色是已經內建在人類體內的一種機能。

illustration by 叙火

參考文獻

- ●BL好きのためのオトコのカラダとセックス（一迅社）
- ●感情回路（芳文社）
- ●BLが開く扉　―変容するアジアのセクシュアリティとジェンダー（青土社）
- ●ボクたちのBL論（河出書房新社）
- ●〈男性同性愛者〉の社会史――アイデンティティの受容/クローゼットへの解放（作品社）
- ●男色の日本史――なぜ世界有数の同性愛文化が栄えたのか（作品社）
- ●新宿二丁目（新潮社）

男男性愛怎麼做？ BL攻受技巧全解析

2021年8月1日初版第一刷發行

編　　著　R-BL研究會
主　　筆　鈴木亨治
封面插畫　夏目かつら
插　　畫　夏目かつら／青井さび／加賀城ヒロキ／茶渋たむ／
　　　　　波野ココロ／叙火
Q版插畫　叙火
男性解剖圖　菅野タカシ
譯　　者　呂郁青
主　　編　陳其衍
發 行 人　南部裕
　　　　　＜地址＞台北市南京東路4段130號2F-1
　　　　　＜電話＞(02)2577-8878
　　　　　＜傳真＞(02)2577-8896
　　　　　＜網址＞http://www.tohan.com.tw
郵撥帳號　1405049-4
法律顧問　蕭雄淋律師
總 經 銷　聯合發行股份有限公司
　　　　　＜電話＞(02)2917-8022

TOHAN

國家圖書館出版品預行編目(CIP)資料

男男性愛怎麼做？ BL攻受技巧全解析／ R-BL研究會編；呂郁青譯. -- 初版. -- 臺北市：臺灣東販股份有限公司, 2021.08
128面；14.8×21公分
ISBN 978-626-304-753-2(平裝)

1.性知識 2.同性戀

429.1　　110010714